Dr. Oetker

Die besten
Nudelsalate & Kartoffelsalate

Dr. Oetker

Die besten
Nudelsalate & Kartoffelsalate

Vorwort

Wer liebt sie nicht, der eine mag nur Kartoffelsalat, der andere nur Nudelsalat und viele meist beides. Der Hit bei jedem Familienessen und auf jeder Fete sind sie auf jeden Fall. Und Sie schmecken nicht nur am Tag der Feier, sondern auch am Morgen danach. Holen Sie also Ihre größte Schüssel aus dem Schrank, zu manchen Anlässen darf es auch eine Zinkwanne sein und fangen Sie an zu schnippeln.

Doch welchen der über 100 Kartoffel- und Nudelsalate wollen Sie für Familie oder Gäste zaubern? Verlassen Sie ruhig einmal ausgetretene Pfade und probieren Sie Salate, die Sie in dieser Form noch nicht probiert haben.

Mit einfachen Zutaten, die überall erhältlich sind, zaubern Sie Köstlichkeiten wie den geschichteten Kartoffel-Pesto-Salat, den warmen Kartoffelsalat mir Bärlauch, den Spätzle-Linsen-Salat, den scharfen Tortellinisalat oder den Gärtnerinsalat. Hier finden Sie Salate als Beilage und als Hauptgericht, für das Büffet und zum Mitnehmen. Mit Gemüse, mit Fisch, mit Fleisch, mit Wurst, mit Eiern und mit Käse. Mit Mayonnaise, mit Vinaigrette und anderen Dressings verrührt oder geschichtet.

Alle Rezepte sind von Dr. Oetker wie immer nachgekocht und so beschrieben, dass sie Ihnen garantiert gelingen. So werden Anfänger und Könner ihre Freude an den bewährten und neuen, leckeren mehr als 100 Rezepten haben.

Abkürzungen

EL	= Esslöffel
TL	= Teelöffel
Msp.	= Messerspitze
Pck.	= Packung/Päckchen
g	= Gramm
kg	= Kilogramm
ml	= Milliliter
l	= Liter
Min.	= Minuten
Std.	= Stunden
evtl.	= eventuell
geh.	= gehäuft
gestr.	= gestrichen
TK	= Tiefkühlprodukt
°C	= Grad Celsius
Ø	= Durchmesser
E	= Eiweiß
F	= Fett
Kh	= Kohlenhydrate
kcal	= Kilokalorien
kJ	= Kilojoule

Hinweise zu den Rezepten

Die Portionsangaben sind in den Rezepten ausgewiesen. Lesen Sie bitte vor der Zubereitung das Rezept einmal vollständig durch. Oft werden Arbeitsabläufe oder -zusammenhänge dann klarer.

Zubereitungszeiten

Die Zubereitungszeit beinhaltet nur die Zeit für die eigentliche Zubereitung, Garzeiten sind gesondert ausgewiesen. Längere Wartezeiten, z. B. Kühl-, Einweich-, Marinier- und Durchziehzeiten sind nicht mit einbezogen.

Kapitelübersicht

Klassiker

Seite 8–49

Kartoffel- und Nudelsalate mit Fleisch & Wurst

Seite 50–103

Kapitelübersicht

Kartoffel- und Nudelsalate mit Fisch & Meeresfrüchten

Seite 104–151

Vegetarische Kartoffel- und Nudelsalate

Seite 152–203

Ob als Beilage oder Hauptgericht, diese Salate muss man kennen.

Klassiker

Kartoffelsalat mit Gemüse

8 Portionen
Zubereitungszeit: 40 Min., ohne Durchzieh- und Kühlzeit

Pro Portion:
E: 12 g , F: 15 g, Kh: 46 g, kJ: 1573, kcal: 375

- **1,5 kg fest kochende Kartoffeln**
- **150 ml heiße Fleischbrühe**
- **4 EL Weißweinessig**
- **Salz, Pfeffer**
- **500 g TK-Erbsen**
- **125 ml (1/8 l) Salzwasser**
- **2 Dosen Gemüsemais (Abtropfgewicht je 285 g)**
- **2 Zwiebeln, 6 mittelgroße Gewürzgurken**
- **6 EL Salatmayonnaise (50 % Fett)**
- **300 g Naturjoghurt**
- **2 TL mittelscharfer Senf**
- **Salz, gemahlener Pfeffer**
- **etwas Gurkenflüssigkeit**

1 Kartoffeln gründlich waschen, mit Wasser bedeckt zum Kochen bringen, zugedeckt in 20–25 Minuten gar kochen. Kartoffeln abgießen, mit kaltem Wasser abschrecken, abtropfen lassen, pellen, in Scheiben schneiden und in eine Schüssel geben.

2 Brühe mit Essig, Salz und Pfeffer verrühren, mit den Kartoffelscheiben mischen, gut durchziehen lassen.

3 Erbsen in kochendem Salzwasser 3–5 Minuten garen, in ein Sieb geben, mit eiskaltem Wasser übergießen, abtropfen und erkalten lassen. Mais abtropfen lassen. Zwiebeln abziehen, würfeln. Gurken in Scheiben schneiden. Gemüsezutaten mit den Kartoffeln vermengen.

4 Mayonnaise mit Joghurt und Senf verrühren, mit Salz und Pfeffer abschmecken. Die Salatzutaten mit der Sauce mischen, etwa 30 Minuten kalt stellen und durchziehen lassen. Nochmals mit Salz, Pfeffer und Gurkenflüssigkeit abschmecken.

Beilage:
Wiener Würstchen.

Kartoffelsalat „Leichte Art"

6 Portionen
Zubereitungszeit: 55 Min., ohne Abkühlzeit

Pro Portion:
E: 9 g, F: 5 g, Kh: 34 g, kJ: 955, kcal: 227

- **1,2 kg fest kochende Kartoffeln**
- **Salz**
- **Kümmelsamen**
- **6 Tomaten**
- **1 Zucchini**
- **2 Stangen Staudensellerie**

Für das Dressing:

- **2 Bund Schnittlauch**
- **500 g Naturjoghurt**
- **Salz**
- **frisch gemahlener Pfeffer**
- **Zucker**
- **1 EL Kürbiskernöl**

1 Kartoffeln gründlich waschen, mit Wasser bedeckt zum Kochen bringen, Salz und Kümmel hinzufügen, zugedeckt in 20–25 Minuten gar kochen. Kartoffeln abgießen, mit kaltem Wasser abschrecken, abtropfen lassen, sofort pellen und lauwarm abkühlen lassen. Kartoffeln in Scheiben schneiden und in eine große Schüssel geben.

2 Tomaten waschen, trockentupfen, vierteln, entkernen und die Stängelansätze herausschneiden. Tomatenviertel in Würfel schneiden.

3 Zucchini waschen, abtrocknen und die Enden abschneiden. Zucchini in dünne Scheiben schneiden oder hobeln. Sellerie putzen und die harten Außenfäden abziehen. Sellerie waschen, abtropfen lassen und in Scheiben schneiden. Selleriescheiben in kochendem Wasser etwa 1 Minute blanchieren, in ein Sieb geben, mit kaltem Wasser übergießen und abtropfen lassen. Tomatenwürfel, Zucchini- und Selleriescheiben zu den Kartoffelscheiben geben und untermengen.

4 Für das Dressing Schnittlauch abspülen, trockentupfen und in Röllchen schneiden. Joghurt mit Salz, Pfeffer und Zucker verrühren. Kürbiskernöl unterschlagen. Schnittlauchröllchen hinzufügen.

5 Salatzutaten mit dem Dressing mischen und nochmals abschmecken.

Tipp:
Nach Belieben 4 hart gekochte Eier pellen, in Sechstel schneiden und vorsichtig unter den Salat heben.

Kartoffel-Eier-Salat

4 Portionen
Zubereitungszeit: 40 Min.

Pro Portion:
E: 9 g, F: 5 g, Kh: 34 g, kJ: 955, kcal: 227

- **500 g Kartoffeln**
- **3 hart gekochte Eier**
- **10 Radieschen**
- **1 kleine Salatgurke (etwa 250 g)**
- **Salz**
- **frisch gemahlener Pfeffer**
- **1 Becher (200 g) Tsatsiki**
- **2 Frühlingszwiebeln**
- **20 g frisch gehobelter Parmesan-Käse**

(Fortsetzung Seite 12)

1 Kartoffeln gründlich waschen, mit Wasser bedeckt zum Kochen bringen, zugedeckt in 20–25 Minuten gar kochen. Kartoffeln abgießen, mit kaltem Wasser abschrecken, abtropfen lassen, sofort pellen und lauwarm abkühlen lassen. Kartoffeln in Scheiben schneiden und in eine große Schüssel geben.

2 Eier pellen und in Scheiben schneiden. Radieschen putzen, waschen und trockentupfen. Gurke waschen und trockentupfen. Radieschen und Gurke mit Schale in dünne Scheiben schneiden.

3 Die vorbereiteten Salatzutaten getrennt auf einer großen Platte anrichten. Mit Salz und Pfeffer bestreuen. Tsatsiki in Klecksen darauf verteilen.

4 Frühlingszwiebeln putzen, waschen, abtropfen lassen und in Ringe schneiden. Zwiebelringe auf die Tsatsikikleckse legen.

5 Kartoffel-Eier-Salat vor dem Servieren mit Käse bestreuen.

Kartoffelsalat mit Speck und Zwiebeln

6 Portionen
Zubereitungszeit: 40 Min., ohne Abkühlzeit

Pro Portion:
E: 5 g, F: 9 g, Kh: 29 g, kJ: 925, kcal: 221

- **1,2 kg große Kartoffeln**
- **Salz**
- **4 Zwiebeln oder Schalotten**
- **10 dünne Scheiben (30 g) durchwachsener Speck**
- **5 EL Speiseöl**
- **3 EL Kräuteressig**
- **frisch gemahlener Pfeffer**
- **Borretschblätter**

1 Kartoffeln gründlich waschen, mit Wasser bedeckt zum Kochen bringen, zugedeckt in 20–25 Minuten gar kochen. Kartoffeln abgießen, mit kaltem Wasser abschrecken, abtropfen und erkalten lassen. Kartoffeln der Länge nach halbieren.

2 Vier Kartoffelhälften mit Salz bestreuen. Restliche Kartoffelhälften pellen, nochmals längs halbieren und in Scheiben schneiden.

3 Zwiebeln oder Schalotten abziehen und in kleine Würfel schneiden. Speckscheiben in Streifen schneiden. Speiseöl in einer Pfanne erhitzen, Zwiebel- oder Schalottenwürfel darin glasig dünsten, Speckstreifen darin auslassen. Essig hinzufügen. Mit Salz und Pfeffer würzen.

4 Die gesalzenen Kartoffelhälften auf einer Platte anrichten. Speck-Zwiebel-Masse mit den Kartoffelscheiben mischen und auf den Kartoffelhälften verteilen. Mit Borretschblättern garnieren.

Einfacher Kartoffelsalat mit Minutensteaks

4 Portionen
Zubereitungszeit: 50 Min., ohne Abkühlzeit

Pro Portion:
E: 49 g, F: 26 g, Kh: 37 g, kJ: 2467, kcal: 588

Für den Kartoffelsalat:
- **1 kg fest kochende Kartoffeln**
- **2 Zwiebeln**
- **6 EL Speiseöl**
- **150 ml Gemüsebrühe**
- **6 EL Weißweinessig**
- **1 TL mittelscharfer Senf**
- **Salz**
- **frisch gemahlener Pfeffer**

- **4 Minutensteaks vom Schwein (je etwa 150 g)**
- **4 EL Ananasstücke (aus der Dose)**
- **2 Scheiben gekochter Vorderschinken**
- **6 EL geriebener Käse (z. B. Gouda, Emmentaler)**

- **1 Bund Schnittlauch**

Außerdem:
- **Holzstäbchen**

1 Für den Salat Kartoffeln gründlich waschen, mit Wasser bedeckt zum Kochen bringen und in 20–25 Minuten gar kochen. Kartoffeln abgießen, heiß pellen und in Scheiben schneiden. Kartoffeln in eine große Schüssel geben.

2 Zwiebeln abziehen und in kleine Würfel schneiden. 4 Esslöffel des Speiseöls in einem Topf erhitzen, Zwiebelwürfel darin glasig dünsten. Brühe, Essig und Senf hinzugeben, aufkochen lassen.

3 Zwiebelmarinade zu den noch warmen Kartoffelscheiben geben und vorsichtig untermischen. Mit Salz und Pfeffer würzen. Salat erkalten lassen.

4 Steaks evtl. abspülen und trockentupfen. In die Steaks jeweils seitlich eine tiefe Tasche schneiden und das Fleisch flach klopfen. Ananasstücke abtropfen lassen. Schinkenscheiben halbieren. Steaks mit jeweils einer halbierten Schinkenscheibe, einigen Ananasstücken und etwas Käse füllen. Die Fleischtaschen mit Holzstäbchen zustecken.

5 Schnittlauch abspülen, trockentupfen und in feine Röllchen schneiden. Kartoffelsalat nochmals mit Salz und Pfeffer abschmecken. Evtl. noch etwas Gemüsebrühe hinzugeben. Schnittlauchröllchen unterheben.

6 Restliches Speiseöl in einer Pfanne erhitzen. Die gefüllten Steaks von jeder Seite etwa 5 Minuten darin braten. Mit Salz und Pfeffer bestreuen. Steaks mit Kartoffelsalat auf Tellern anrichten.

Tipp:
Sie können die Minutensteaks auch mit Hähnchenbrust- oder Putenbrustfilets zubereiten.

Kartoffelsalat mit Kresse

6 Portionen
Zubereitungszeit: 40 Min., ohne Abkühl- und Durchziehzeit

Pro Portion:
E: 6 g, F: 14 g, Kh: 21 g, kJ: 964, kcal: 230

- **750 g fest kochende Kartoffeln**
- **1 Glas Karottensalat (Abtropfgewicht 190 g)**

Für die Sauce:
- **375 ml (3/8 l) Gemüsebrühe**
- **3 EL weißer Balsamico-Essig**
- **Salz, Pfeffer**
- **4 EL Olivenöl**
- **500 g Champignons**
- **4 EL Olivenöl**
- **2 Kästchen rote Daikonkresse**

1 Kartoffeln gründlich waschen, mit Wasser bedeckt zum Kochen bringen und zugedeckt in 20–25 Minuten gar kochen. Kartoffeln abgießen, mit kaltem Wasser abschrecken, abtropfen lassen, sofort pellen und lauwarm abkühlen lassen. Kartoffeln in Scheiben schneiden und in eine große Schüssel geben. Karottensalat in einem Sieb abtropfen lassen und mit den Kartoffelscheiben vermengen.

2 Für die Sauce Brühe mit Essig, Salz und Pfeffer verrühren. Olivenöl unterschlagen. Die Sauce zu den Kartoffelscheiben geben und vorsichtig mischen. Salat etwa 30 Minuten durchziehen lassen.

3 Champignons putzen, mit Küchenpapier abreiben, evtl. abspülen, trockentupfen und in Scheiben schneiden. Olivenöl in einer Pfanne erhitzen. Champignonscheiben in 2 Portionen hellbraun darin braten, mit Pfeffer bestreuen und abkühlen lassen. Champignonscheiben unter den Salat heben.

4 Kresse abspülen, trockentupfen und von den Stielen schneiden. Den Salat mit Salz und Pfeffer abschmecken, Kresse unterheben.

Gekochter Kartoffelsalat

4 Portionen
Zubereitungszeit: 45 Min., ohne Abkühl- und Durchziehzeit

Pro Portion:
E: 18 g, F: 20 g, Kh: 25 g, kJ: 1570, kcal: 374

- **40 g getrocknete Tomaten**
- **500 g fest kochende Kartoffeln**
- **400 g Fenchelknollen**
- **125 ml (1/8 l) Gemüsebrühe**
- **9 EL Weißwein**
- **1 Dose Artischockenböden (Abtropfgewicht 220 g)**
- **2–3 EL Weißweinessig**
- **Salz, Pfeffer**
- **etwas Zucker**
- **6–8 EL Olivenöl**
- **1 kleiner Kopf Lollo Rosso**
- **12 Scheiben (etwa 200 g) luftgetrockneter Schinken**

1 Tomaten in Streifen schneiden. Kartoffeln waschen, schälen, abspülen und in Scheiben schneiden. Von den Fenchelknollen die Stiele dicht oberhalb der Knollen abschneiden, braune Stellen und Blätter entfernen (etwas Fenchelgrün beiseite legen) und die Wurzelenden gerade schneiden. Die Knollen waschen und in Streifen schneiden.

(Fortsetzung Seite 18)

2 Brühe und 6 Esslöffel des Weißweins in einem Topf zum Kochen bringen. Kartoffelscheiben, Fenchel- und Tomatenstreifen hinzugeben, wieder zum Kochen bringen und zugedeckt bei schwacher Hitze etwa 10 Minuten garen, dabei ab und zu umrühren. Den Topf von der Kochstelle nehmen, Gemüse etwas abkühlen lassen.

3 Artischockenböden in einem Sieb abtropfen lassen, in Streifen schneiden und zum Gemüse geben. Essig mit restlichem Wein, Salz, Pfeffer und Zucker verrühren. Olivenöl unterschlagen. Die abgekühlten Salatzutaten mit der Sauce mischen. Den Salat etwa 10 Minuten durchziehen lassen.

4 Lollo Rosso putzen, waschen, trockenschleudern und in kleine Stücke zupfen. Schinken in breite Streifen schneiden. Salatblätter auf Tellern verteilen, den Kartoffelsalat darauf geben und mit Schinkenstreifen belegen.

5 Beiseite gelegtes Fenchelgrün abspülen, trockentupfen, klein schneiden und auf den Salat streuen.

Rustikaler Kartoffelsalat

6 Portionen
Zubereitungszeit: 90 Min., ohne Durchziehzeit

Pro Portion:
E: 5 g, F: 18 g, Kh: 25 g, kJ: 1200, kcal: 287

- **700 g fest kochende Kartoffeln**
- **3 große Möhren (etwa 250 g)**
- **½ kleine Steckrübe (etwa 300 g)**
- **½ Knollensellerie (etwa 300 g)**
- **300 ml Gemüsebrühe**
- **1 Bund Frühlingszwiebeln (etwa 200 g)**

Für das Majoran-Dressing:

- **1 Bund frisches Majoran**
- **1 Eigelb**
- **2 EL Weißweinessig**
- **1 EL mitttelscharfer Senf**
- **100 ml Speiseöl, Salz**
- **frisch gemahlener Pfeffer**

1 Kartoffeln waschen, schälen, abspülen. Möhren, Steckrübe und Sellerie putzen, schälen, waschen, abtropfen lassen. Die Salatzutaten in etwa 1 x 1 cm große Würfel schneiden. Brühe in einem großen Topf zum Kochen bringen. Kartoffel-, Möhren-, Steckrüben- und Selleriewürfel nacheinander hineingeben, wieder zum Kochen bringen und bei mittlerer Hitze etwa 35 Minuten garen (die Brühe soll von den Salatzutaten aufgesogen werden).

2 Die gegarten Gemüsewürfel in einem Sieb abtropfen lassen und in eine Schüssel geben. Frühlingszwiebeln putzen, waschen, abtropfen lassen, in Streifen schneiden und hinzufügen.

3 Für das Dressing Majoran abspülen und trockentupfen. Die Blättchen von den Stängeln zupfen. Blättchen klein schneiden.

4 Eigelb, Essig und Senf mit Handrührgerät mit Rührbesen verrühren. Speiseöl zuerst tropfenweise, dann in einem dünnen Strahl unterrühren. Majoran hinzugeben. Das Dressing mit Salz und Pfeffer abschmecken, vorsichtig mit den Salatzutaten mischen. Den Salat 1–2 Stunden kalt stellen und durchziehen lassen.

Tipp:
Nur ganz frisches Eigelb verwenden, das nicht älter als 5 Tage ist. (Legedatum beachten!)

Kartoffelsalat mit Mais

4 Portionen
Zubereitungszeit: 50 Min., ohne Abkühl- und Marinierzeit

Pro Portion:
E: 7 g, F: 13 g, Kh: 37 g, kJ: 1259, kcal: 301

- **750 g kleine fest kochende Kartoffeln**

Für die Marinade:
- **1 Zwiebel**
- **125 ml (1/8 l) Fleischbrühe**
- **4 EL Weißweinessig**
- **2 TL Zucker**
- **frisch gemahlener Pfeffer**
- **Salz**

- **1 Bund Radieschen**
- **1 kleine Dose Gemüsemais (Abtropfgewicht 140 g)**

- **1 EL geriebener Meerrettich aus der Tube**
- **2 EL Salatmayonnaise**
- **150 g saure Sahne**
- **1–2 EL Zitronensaft**
- **1 Bund Dill**
- **2 Zweige Zitronenmelisse**

1 Kartoffeln gründlich waschen, mit Wasser bedeckt zum Kochen bringen, zugedeckt in 20–25 Minuten gar kochen. Kartoffeln abgießen, mit kaltem Wasser abschrecken, abtropfen lassen, sofort pellen und lauwarm abkühlen lassen. Kartoffeln in Scheiben schneiden und in eine Schüssel geben.

2 Für die Marinade Zwiebel abziehen und in kleine Würfel schneiden. Brühe mit Essig, Zwiebelwürfeln, 1 Teelöffel Zucker und Pfeffer kurz aufkochen lassen, mit Salz abschmecken. Die Kartoffelscheiben mit der Marinade übergießen und vorsichtig vermengen.

3 Den Salat so lange durchziehen lassen, bis die Marinade von den Kartoffelscheiben vollkommen aufgenommen wurde, ab und zu vorsichtig umrühren.

4 Radieschen putzen, waschen, trockentupfen und in Scheiben schneiden. Mais in einem Sieb abtropfen lassen, mit den Radieschenscheiben zu den Kartoffeln geben.

5 Meerrettich mit Mayonnaise, Sahne, Zitronensaft und restlichem Zucker verrühren, vorsichtig unter den Salat rühren.

6 Dill und Zitronenmelisse abspülen und trockentupfen. Die Blättchen von den Stängeln zupfen. Blättchen fein hacken. Die Kräuter vor dem Servieren unter den Salat heben.

Pikanter Kartoffelsalat

4 Portionen
Zubereitungszeit: 40 Min., ohne Durchziehzeit

Pro Portion:
E: 19 g, F: 19 g, Kh: 28 g, kJ: 1554, kcal: 371

- **750 g fest kochende Kartoffeln**
- **200 g gekochtes Rindfleisch**
- **1 Stange Porree (Lauch)**
- **1 Glas Pfifferlinge (Abtropfgewicht 150 g)**
- **3–4 Tomaten**

Für die Salatsauce:

- **1 große Zwiebel**
- **3–4 EL Kräuteressig**
- **1 TL mittelscharfer Senf**
- **Salz**
- **frisch gemahlener Pfeffer**
- **6 EL Speiseöl**

1 Kartoffeln gründlich waschen, mit Wasser bedeckt zum Kochen bringen, zugedeckt in 20–25 Minuten gar kochen. Kartoffeln abgießen, mit kaltem Wasser abschrecken, abtropfen lassen, sofort pellen und in Scheiben schneiden. Rindfleisch in Würfel schneiden.

2 Porree putzen, die Stange längs halbieren, waschen, abtropfen lassen und in schmale Streifen schneiden.

3 Pfifferlinge in einem Sieb abtropfen lassen. Tomaten waschen, kreuzweise einschneiden und einige Sekunden in kochendes Wasser legen. Tomaten kurz in kaltem Wasser abschrecken, enthäuten, halbieren, entkernen und Stängelansätze entfernen. Tomaten in Würfel schneiden. Die vorbereiteten Salatzutaten in eine Schüssel geben und mischen.

4 Für die Sauce Zwiebel abziehen und in kleine Würfel schneiden. Essig mit Senf, Salz und Pfeffer verrühren. Zwiebelwürfel hinzugeben. Speiseöl unterschlagen. Die Sauce mit den Salatzutaten vermengen. Den Salat etwa 1 Stunde durchziehen lassen.

Marinierter Kartoffelsalat mit Meerrettichcreme

Zubereitungszeit: 35 Min, ohne Marinierzeit

Pro Portion:
E: 8 g, F: 25 g, Kh: 29 g, kJ: 1559, kcal: 375

Für die Marinade:

- **125 ml (1/8 l) Gemüsebrühe**
- **2 EL Essig, z. B. Estragonessig**
- **2 EL Olivenöl**

- **750 g kleine gegarte Pellkartoffeln vom Vortag**
- **50 g Walnusskerne**
- **1 Bund Rucola (Rauke)**
- **1 Bund Radieschen**

Für die Meerrettichcreme:

- **1 Becher (150 g) Crème fraîche**
- **2 TL Meerrettich (aus dem Glas)**
- **Salz, Zucker**

1 Für die Marinade Brühe mit Essig verrühren. Olivenöl unterschlagen.

(Fortsetzung Seite 24)

2 Kartoffeln pellen, in Scheiben schneiden und in eine Schüssel geben. Die Marinade zu den Kartoffelscheiben geben, gut vermengen und etwa 1 Stunde durchziehen lassen.

3 Walnusskerne grob hacken, in einer Pfanne ohne Fett rösten und auf einem Teller erkalten lassen.

4 Rucola putzen, waschen, trockentupfen und etwas klein schneiden. Radieschen putzen, waschen, trockentupfen und in Scheiben schneiden.

5 Die marinierten Kartoffelscheiben mit Rucola und Radieschenscheiben auf einer Salatplatte anrichten.

6 Für die Creme Crème fraîche mit Meerrettich gut verrühren. Mit Salz und Zucker abschmecken. Die Creme in Klecksen auf dem angerichteten Salat verteilen. Walnusskerne darauf streuen, sofort servieren.

Warmer Kartoffelsalat mit roten Linsen

4 Portionen
Zubereitungszeit: 45 Min., ohne Durchzieh- und Kühlzeit

Pro Portion:
E: 34 g, F: 33 g, Kh: 53 g, kJ: 2709, kcal: 647

- **700 g fest kochende Kartoffeln**
- **300 g rote Linsen**
- **1 Bund Thymian**
- **2 Schalotten oder Zwiebeln (etwa 100 g)**
- **100 ml Gemüsebrühe**
- **3 EL weißer Balsamico-Essig**
- **1 TL Kümmelsamen**
- **6 EL Olivenöl**
- **Salz, Pfeffer**
- **200 g frisch geriebener oder gehobelter Gruyère-Käse**

1 Kartoffeln waschen, schälen, abspülen und in Würfel schneiden. Kartoffelwürfel in kochendem Salzwasser zugedeckt etwa 20 Minuten garen. Anschließend in ein Sieb geben, mit kaltem Wasser übergießen und abtropfen lassen.

2 Linsen in kochendem Salzwasser etwa 10 Minuten garen. Ebenfalls in ein Sieb geben, mit kaltem Wasser übergießen und abtropfen lassen.

3 Thymian abspülen und trockentupfen (einige Zweige zum Garnieren beiseite legen). Die Blättchen von den Stängeln zupfen. Kartoffelwürfel und Linsen in eine Schüssel geben. Thymianblättchen darauf verteilen.

4 Schalotten oder Zwiebeln abziehen und in kleine Würfel schneiden. Brühe mit Essig, Schalotten- oder Zwiebelwürfeln, Kümmel und Olivenöl in einem Topf verrühren und erhitzen. Mit Salz und Pfeffer würzen. Die Marinade über die Salatzutaten gießen, einige Male durchschwenken oder vorsichtig umrühren. Den Salat etwa 1 Stunde kalt stellen und durchziehen lassen.

5 Den Salat vor dem Servieren in einer Mikrowelle oder im vorgeheizten Backofen bei Ober-/Unterhitze bei etwa 160 °C erwärmen. Salat mit Käse bestreuen und mit den beiseite gelegten Thymianzweigen garniert servieren.

Beilage:
In Knoblauchbutter gebratene Baguettescheiben oder -würfel.

Ostdeutscher Kartoffelsalat

6 Portionen
Zubereitungszeit: 40 Min., ohne Durchziehzeit

Pro Portion:
E: 10 g, F: 14 g, Kh: 28 g, kJ: 1206, kcal: 288

- **1,2 kg fest kochende Kartoffeln**
- **4 Zwiebeln**

Für die Salatsauce:

- **4 EL Kräuteressig, Salz**
- **Pfeffer, Zucker**
- **5 EL Speiseöl**
- **1–2 EL Schnittlauchröllchen**
- **200 g durchwachsener Speck, 2 EL Speiseöl**

1 Kartoffeln gründlich waschen, mit Wasser bedeckt zum Kochen bringen, zugedeckt in 20–25 Minuten gar kochen. Kartoffeln abgießen, mit kaltem Wasser abschrecken, abtropfen lassen, sofort pellen und lauwarm abkühlen lassen. Kartoffeln in Scheiben schneiden und in eine große Schüssel geben.

2 Zwiebeln abziehen, in kleine Würfel schneiden und zu den Kartoffelscheiben geben.

3 Für die Sauce Essig mit Salz, Pfeffer und Zucker verrühren. Speiseöl unterschlagen. Die Sauce abschmecken, über die Kartoffelscheiben geben, vorsichtig mischen und gut durchziehen lassen. Schnittlauchröllchen unterrühren.

4 Speck würfeln. Speiseöl in einer Pfanne erhitzen. Speckwürfel darin ausbraten, abkühlen lassen, auf dem Salat verteilen.

Tipp:
Zwei Salzgurken in Scheiben schneiden und mit den Salatzutaten vermengen.

Abwandlung (Titelfoto):
Zusätzlich 1/2 Bund in Ringe geschnittene Frühlingszwiebeln und 3–4 geacheltete Radieschen unter den Salat heben.

Warmer Kartoffel-Kräuter-Salat

4 Portionen
Zubereitungszeit: 40 Min.

Pro Portion:
E: 5 g, F: 25 g, Kh: 32 g, kJ: 1600, kcal: 382

- **800 g fest kochende Kartoffeln**
- **1 Gemüsezwiebel**
- **100 ml Sonnenblumenkernöl**
- **300 ml Gemüsebrühe**
- **100 ml weißer Balsamico-Essig**
- **Salz, Pfeffer**
- **1 durchgedrückte Knoblauchzehe**
- **1 Bund Schnittlauch**
- **1 Bund Petersilie**

1 Kartoffeln gründlich waschen, mit Wasser bedeckt zum Kochen bringen und zugedeckt in 20–25 Minuten gar kochen. Kartoffeln abgießen, mit kaltem Wasser abschrecken, abtropfen lassen, sofort pellen und in Scheiben schneiden.

(Fortsetzung Seite 28)

2 Zwiebel abziehen und in kleine Würfel schneiden. Etwas Sonnenblumenkernöl in einem Topf erhitzen. Zwiebelwürfel darin andünsten. Brühe, Essig und restliches Sonnenblumenkernöl hinzugießen. Mit Salz, Pfeffer und Knoblauch würzen. Die Zutaten zum Kochen bringen. Den Topf von der Kochstelle nehmen.

3 Schnittlauch und Petersilie abspülen, trockentupfen. Schnittlauch in Röllchen schneiden. Von der Petersilie die Blättchen von den Stängeln zupfen. Blättchen klein schneiden.

4 Kartoffelscheiben, Schnittlauchröllchen und Petersilie in den Fond geben, vorsichtig vermengen und bei schwacher Hitze erwärmen. Den Kartoffelsalat nochmals mit Salz und Pfeffer abschmecken.

Sechser Salat

8 Portionen
Zubereitungszeit: 30 Min., ohne Durchziehzeit

Pro Portion:
E: 13 g, F: 25 g, Kh: 23 g, kJ: 1569, kcal: 375

- **6 gegarte Pellkartoffeln (600 g)**
- **6 kleine Äpfel (780 g)**
- **6 hart gekochte Eier**
- **6 Gewürzgurken (150 g)**
- **6 Zwiebeln (300 g)**
- **6 Scheiben Fleischwurst (300 g)**

Für die Sauce:

- **150 g Salatmayonnaise (50 % Fett)**
- **1 Becher (150 g) Naturjoghurt**
- **1 gestr. EL mittelscharfer Senf**
- **Salz**
- **frisch gemahlener Pfeffer**
- **1 Prise Zucker**

1 Kartoffeln pellen und in Scheiben schneiden. Äpfel schälen, vierteln, entkernen und in Stücke schneiden. Eier pellen und in Scheiben schneiden. Gurken abtropfen lassen und ebenfalls in Scheiben schneiden.

2 Zwiebeln abziehen, halbieren und in Streifen schneiden. Zwiebelstreifen in kochendem Salzwasser etwa 3 Minuten blanchieren, anschließend in ein Sieb geben, mit kaltem Wasser übergießen und abtropfen lassen. Fleischwurst in Streifen schneiden.

3 Die vorbereiteten Salatzutaten in eine große Schüssel geben und mischen.

4 Für die Sauce Mayonnaise mit Joghurt und Senf verrühren, mit Salz, Pfeffer und Zucker abschmecken. Die Sauce zu den Salatzutaten geben und untermengen. Den Salat gut durchziehen lassen.

Kartoffelsalat mit Mayonnaise

4 Portionen
Zubereitungszeit: 35 Min., ohne Abkühl- und Durchziehzeit

Pro Portion: E: 10 g, F: 17 g, Kh: 30 g, kJ: 1312, kcal: 313

- **800 g fest kochende Kartoffeln**
- **2 Zwiebeln**
- **250 ml (1/4 l) Gemüsebrühe**
- **3 hart gekochte Eier**
- **100 g Gewürzgurken (aus dem Glas)**

Für die Salatsauce:

- **3 EL Salatmayonnaise**
- **3 EL Gurkenflüssigkeit**
- **Salz, Pfeffer**

1 Kartoffeln gründlich waschen, mit Wasser bedeckt zum Kochen bringen, zugedeckt in 20–25 Minuten gar kochen. Kartoffeln abgießen, mit kaltem Wasser abschrecken, abtropfen lassen, sofort pellen und etwas abkühlen lassen. Kartoffeln in Scheiben schneiden und in eine große Schüssel geben.

2 Zwiebeln abziehen und in kleine Würfel schneiden. Gemüsebrühe in einem Topf zum Kochen bringen, Zwiebelwürfel hinzugeben und etwa 1 Minute kochen lassen. Die heiße Zwiebelbrühe über die noch warmen Kartoffelscheiben geben und durchziehen lassen.

3 Eier pellen und in Würfel schneiden. Gurken abtropfen lassen, in Würfel oder Scheiben schneiden. Ei-, Gurkenwürfel oder -scheiben zu den marinierten Kartoffelscheiben geben.

4 Für die Sauce Mayonnaise mit Gurkenflüssigkeit glatt rühren, mit Salz und Pfeffer abschmecken. Die Sauce mit den Salatzutaten vermengen. Den Salat nochmals etwas durchziehen lassen.

Tipp:
250 g Fleischwurst enthäuten, in kleine Würfel schneiden, mit 1 geschälten, gewürfelten Apfel unter den Salat heben.

Speck-Kartoffelsalat

4 Portionen
Zubereitungszeit: 45 Min., ohne Abkühl- und Durchziehzeit

Pro Portion:
E: 14 g, F: 10 g, Kh: 31 g, kJ: 1152, kcal: 275

- **800 g kleine fest kochende Kartoffeln**
- **250 ml (1/4 l) heiße Gemüsebrühe**
- **2 EL Weißweinessig**
- **2 TL Rotisseur-Senf**
- **Salz**
- **frisch gemahlener Pfeffer**
- **4 Stangen Staudensellerie**
- **200 g Bacon (Frühstücksspeck)**
- **2 EL Speiseöl**
- **4 rote Zwiebeln**

1 Kartoffeln gründlich waschen, mit Wasser bedeckt zum Kochen bringen, zugedeckt in 20–25 Minuten gar kochen. Kartoffeln abgießen, mit kaltem Wasser abschrecken, abtropfen lassen, sofort pellen und etwas abkühlen lassen (größere Kartoffeln halbieren). Kartoffeln in eine große Schüssel geben.

(Fortsetzung Seite 32)

2 Brühe in einem Topf zum Kochen bringen, Essig und Senf unterrühren, mit Salz und Pfeffer würzen. Die Kartoffeln mit der heißen Brühe übergießen.

3 Sellerie putzen und die harten Außenfäden abziehen (Grün beiseite legen). Sellerie waschen, abtropfen lassen, in Scheiben schneiden und zu den Kartoffeln geben.

4 Bacon in Streifen schneiden. Speiseöl in einer Pfanne erhitzen, Speckstreifen hinzugeben und unter Wenden kross ausbraten. Zwiebeln abziehen, in Scheiben schneiden, zu den Speckstreifen geben und kurz mit andünsten. Speck-Zwiebel-Masse zu den Kartoffeln geben und unterheben. Den Salat einige Stunden durchziehen lassen.

5 Beiseite gelegtes Selleriegrün waschen und trockentupfen. Den Salat nochmals mit Salz und Pfeffer abschmecken, mit Selleriegrün garniert servieren.

Schneller Kartoffelsalat

4 Portionen
Zubereitungszeit: 40 Min., ohne Durchziehzeit

Pro Portion:
E: 15 g, F: 42 g, Kh: 21 g, kJ: 2227, kcal: 532

- **500 g fest kochende Kartoffeln**
- **3–4 Gewürzgurken**
- **400 g fertiger Fleischsalat (aus dem Kühlregal)**
- **etwas Gurkenflüssigkeit**
- **Salz**
- **frisch gemahlener Pfeffer**
- **etwas Zucker**
- **4 hart gekochte Eier**

1 Kartoffeln gründlich waschen, mit Wasser bedeckt zum Kochen bringen, zugedeckt in 20–25 Minuten gar kochen. Kartoffeln abgießen, mit kaltem Wasser abschrecken, abtropfen lassen, sofort pellen und lauwarm abkühlen lassen. Kartoffeln in Würfel schneiden und in eine große Schüssel geben.

2 Gurken abtropfen lassen, in kleine Scheiben oder Würfel schneiden und zu den Kartoffelwürfeln geben. Fleischsalat mit etwas Gurkenflüssigkeit verrühren und untermischen. Den Salat mit Salz, Pfeffer und Zucker abschmecken.

3 Eier pellen und in Achtel schneiden (einige Achtel beiseite legen) und vorsichtig unter den Salat heben. Den Salat etwas durchziehen lassen und mit den beiseite gelegten Eierachteln garniert servieren.

Beilage:
Rostbratwurst.

Nudel-Fleischwurst-Salat

4 Portionen
Zubereitungszeit: 35 Min., ohne Durchzieh- und Kühlzeit

Pro Portion:
E: 17 g, F: 40 g, Kh: 34 g, kJ: 2377, kcal: 567

- **2 l Wasser**
- **2 gestr. TL Salz**
- **125 g kleine Hörnchennudeln**

- **400 g Fleischwurst**
- **1 große Zwiebel**
- **½ Stange Porree (Lauch)**
- **2 große säuerliche Äpfel**
- **2 Fleischtomaten**

Für die Salatsauce:

- **3–4 EL Weißweinessig**
- **Salz**
- **frisch gemahlener Pfeffer**
- **1 TL geriebener Meerrettich aus dem Glas**
- **6 EL Speiseöl**
- **2 EL fein geschnittene Schnittlauchröllchen**

- **einige vorbereitete Salatblätter**
- **Tomatenachtel**
- **etwas vorbereitete Petersilie**

1 Wasser in einem großen Topf mit geschlossenem Deckel zum Kochen bringen. Dann Salz und Nudeln zugeben. Die Nudeln im geöffneten Topf bei mittlerer Hitze nach Packungsanleitung kochen lassen, dabei 4–5-mal umrühren.

2 Anschließend die Nudeln in ein Sieb geben, mit heißem Wasser abspülen und abtropfen lassen.

3 Von der Fleischwurst die Haut abziehen. Fleischwurst zuerst in Scheiben, dann in Streifen schneiden. Zwiebel abziehen und in Scheiben schneiden. Äpfel waschen, trockentupfen, nach Belieben schälen, vierteln, entkernen und in kleine Stücke schneiden. Tomaten waschen, trockentupfen, vierteln, entkernen und die Stängelansätze herausschneiden. Tomaten in Würfel schneiden. Die vorbereiteten Salatzutaten in einer Schüssel mischen.

4 Für die Sauce Essig mit Salz, Pfeffer und Meerrettich verrühren. Speiseöl unterschlagen. Die Sauce mit den Salatzutaten vermengen. Schnittlauchröllchen unterrühren. Den Salat kalt stellen und eine Zeit lang durchziehen lassen. Nochmals mit den Gewürzen abschmecken.

5 Den Salat auf einer großen, mit Salatblättern ausgelegten Platte anrichten. Mit Tomatenachteln und Petersilie garnieren.

Tipp:
Sie können den Salat statt mit der Salatsauce auch mit einer Joghurtmayonnaise, 3–4 hart gekochten Eiern und 3–4 Radieschen zubereiten. Dafür 2 Esslöffel Salatmayonnaise mit 1 Becher (150 g) Naturjoghurt und 1 Teelöffel mittelscharfen Senf verrühren. Mit Salz, Pfeffer und Zucker abschmecken. Eier pellen und zusammen mit den Radieschen in Würfel schneiden und mit der Joghurtmayonnaise unter den Salat heben.

Makkaronisalat mit Kräutersauce

6 Portionen
Zubereitungszeit: 40 Min., ohne Abkühlzeit

Pro Portion:
E: 20 g, F: 16 g, Kh: 33 g, kJ: 1524, kcal: 364

- **250 g Makkaroni**
- **3 l Wasser**
- **3 gestr. TL Salz**

- **200 g Bratenfleischaufschnitt**
- **100 g gekochter Schinken**
- **400 g Tomaten**
- **2 kleine grüne Paprikaschoten**
- **5 Gewürzgurken**
- **2 TL Kapern (aus dem Glas)**

Für die Kräutersauce:

- **4 EL Weißweinessig**
- **100 ml Schlagsahne**
- **4 EL Speiseöl**
- **Salz**
- **frisch gemahlener Pfeffer**
- **Zucker**
- **1 EL gehackte Petersilie**
- **1 EL Schnittlauchröllchen**

1 Makkaroni in etwa 2 cm lange Stücke brechen. Wasser in einem großen Topf mit geschlossenem Deckel zum Kochen bringen. Dann Salz und Nudeln zugeben. Die Nudeln im geöffneten Topf bei mittlerer Hitze nach Packungsanleitung kochen lassen, dabei 4–5-mal umrühren.

2 Anschließend die Nudeln in ein Sieb geben, mit heißem Wasser abspülen und abtropfen lassen.

3 Bratenfleisch und Schinken in Streifen schneiden. Tomaten waschen, trockentupfen, vierteln, entkernen und die Stängelansätze herausschneiden. Tomaten in Würfel schneiden. Paprika halbieren, entstielen, entkernen und die weißen Scheidewände entfernen. Die Schoten waschen, trockentupfen und in sehr dünne Streifen schneiden. Gurken und Kapern abtropfen lassen. Gurken in Würfel schneiden.

4 Die vorbereiteten Salatzutaten in eine Glasschüssel geben und gut vermischen.

5 Für die Sauce Essig mit Sahne halb steif schlagen, Speiseöl unterschlagen. Die Sauce mit Salz, Pfeffer und Zucker abschmecken. Petersilie und Schnittlauchröllchen unterrühren. Die Sauce in Klecksen auf dem Salat verteilen.

Tipp:
Den Salat mit Eierscheiben und Petersilienblättchen garnieren.

Bunter Farfalle-Salat

6 Portionen
Zubereitungszeit: 40 Min., ohne Durchziehzeit

Pro Portion:
E: 23 g, F: 10 g, Kh: 36 g, kJ: 1394, kcal: 333

- **2 l Wasser**
- **2 gestr. TL Salz**
- **200 g Farfalle-Nudeln (Schmetterlingsnudeln)**

- **300 g Möhren**
- **300 g Blumenkohl**
- **300 g TK-Erbsen**
- **250 g magerer gekochter Schinken**

Für die Sauce:
- **150 g extra leichte Salatmayonnaise**
- **1 Becher (150 g) Naturjoghurt**
- **etwas Currypulver**
- **Salz**
- **frisch gemahlener Pfeffer**

Zum Garnieren:
- **3 hart gekochte Eier**

1 Wasser in einem großen Topf mit geschlossenem Deckel zum Kochen bringen. Dann Salz und Nudeln zugeben. Die Nudeln im geöffneten Topf bei mittlerer Hitze nach Packungsanleitung kochen lassen, dabei zwischendurch 4–5-mal umrühren.

2 Anschließend die Nudeln in ein Sieb geben, mit heißem Wasser abspülen und abtropfen lassen.

3 Möhren putzen, schälen, waschen, abtropfen lassen und in Scheiben schneiden. Von dem Blumenkohl die Blätter und die schlechten Stellen entfernen. Den Strunk abschneiden. Blumenkohl in Röschen teilen. Blumenkohlröschen waschen und abtropfen lassen.

4 Möhrenscheiben in einem Topf mit etwas kochendem Salzwasser zugedeckt etwa 2 Minuten kochen, dann Blumenkohlröschen hinzufügen, zum Kochen bringen und zugedeckt weitere 4 Minuten kochen.

5 Zuletzt Erbsen hinzufügen, wieder zum Kochen bringen und zugedeckt noch weitere 3 Minuten kochen lassen. Gemüse in ein Sieb geben, abtropfen und erkalten lassen.

6 Schinken in kleine Würfel schneiden. Schinkenwürfel in eine Schüssel geben. Nudeln und Gemüse hinzufügen, gut vermengen.

7 Für die Sauce Mayonnaise mit Joghurt gut verrühren, mit Curry, Salz und Pfeffer abschmecken. Die Sauce mit den Salatzutaten mischen. Den Salat gut durchziehen lassen.

8 Zum Garnieren Eier pellen und in Achtel schneiden. Den Salat damit garnieren und servieren.

Mozzarella-Nudel-Salat

4–6 Portionen
Zubereitungszeit: 40 Min., ohne Abkühl- und Durchziehzeit

Pro Portion:
E: 22 g, F: 47 g, Kh: 41 g, kJ: 2805, kcal: 670

- **2½ l Wasser**
- **2½ gestr. TL Salz**
- **250 g dreifarbige Farfalle-Nudeln (Schmetterlingsnudeln)**

- **250 g Mozzarella-Käse**
- **250 g Cocktailtomaten**
- **200 g (möglichst kleine) Champignons**
- **2 Bund Rucola (Rauke)**
- **60 g Pinienkerne**

Für die Salatsauce:

- **5 EL Weißweinessig**
- **2 EL Basilikumessig (oder Kräuteressig)**
- **1 gestr. TL Salz**
- **2 gestr. TL Zucker**
- **knapp 1 gestr. TL geschroteter Pfeffer**
- **150 ml Olivenöl**
- **5 EL Wasser**
- **1 Pck. (25 g) TK-Basilikum (oder 1 Topf frisches Basilikum)**

1 Wasser in einem großen Topf mit geschlossenem Deckel zum Kochen bringen. Dann Salz und Nudeln zugeben. Die Nudeln im geöffneten Topf bei mittlerer Hitze nach Packungsanleitung kochen lassen, dabei 4–5-mal umrühren.

2 Anschließend die Nudeln in ein Sieb geben, mit heißem Wasser abspülen und abtropfen lassen.

3 Mozzarella in einem Sieb abtropfen lassen und in Würfel schneiden. Tomaten waschen, trockentupfen und die Stängelansätze herausschneiden. Tomaten nach Belieben halbieren.

4 Champignons putzen, mit Küchenpapier abreiben, evtl. abspülen und trockentupfen. Evtl. größere Champignons halbieren oder vierteln. Rucola verlesen, putzen, waschen, trockentupfen und grob zerkleinern. Pinienkerne in einer Pfanne ohne Fett anrösten, herausnehmen und auf einem Teller erkalten lassen.

5 Für die Sauce beide Essigsorten mit Salz, Zucker und Pfeffer gut verrühren. Olivenöl unterschlagen, Wasser unterrühren. Basilikum hinzufügen (frisches Basilikum abspülen, trockentupfen, die Blättchen von den Stängeln zupfen. Blättchen in Streifen schneiden).

6 Nudeln in eine Schüssel geben, mit der Salatsauce mischen und 1–2 Stunden durchziehen lassen.

7 Mozzarellawürfel, Cocktailtomaten, Champignons und Rauke unterheben. Den Salat in einer großen Schüssel anrichten und mit Pinienkernen bestreut servieren.

Tipp:
Mozzarella können Sie auch in Form von kleinen Kugeln kaufen. Dann Mozzarella-Kugeln unter den Salat heben.

Nudel-Käse-Salat

8 Portionen
Zubereitungszeit: 45 Min.

Pro Portion:
E: 26 g, F: 23 g, Kh: 42 g,
kJ: 2013, kcal: 481

- **3 l Wasser**
- **3 gestr. TL Salz**
- **400 g bunte Farfalle-Nudeln (Schmetterlings-nudeln)**

- **je 2 rote oder gelbe Paprikaschoten (etwa 250 g)**
- **300 g Emmentaler-Käse**
- **200 g Sojabohnensprossen**

Für die Sauce:
- **2 Schalotten**
- **200 g Roquefort-Käse**
- **2 Becher (je 150 g) Naturjoghurt**
- **Salz**
- **frisch gemahlener Pfeffer**
- **2 TL Worcestersauce**

- **2 EL gehackte Pistazienkerne**

1 Wasser in einem großen Topf mit geschlossenem Deckel zum Kochen bringen. Dann Salz und Nudeln zugeben. Die Nudeln im geöffneten Topf bei mittlerer Hitze nach Packungsanleitung kochen lassen, dabei 4–5-mal umrühren.

2 Anschließend die Nudeln in ein Sieb geben, mit heißem Wasser abspülen und abtropfen lassen.

3 Paprika halbieren, entstielen, entkernen, die weißen Scheidewände entfernen. Schoten waschen, trockentupfen und vierteln.

4 Käse in kleine Würfel schneiden. Sojabohnensprossen in ein Sieb geben, mit kaltem Wasser abspülen und gut abtropfen lassen.

5 Für die Sauce Schalotten abziehen und in kleine Würfel schneiden. Schalottenwürfel mit Käse und Joghurt in einem hohen Rührbecher pürieren. Die Sauce mit Salz, Pfeffer und Worcestersauce würzen.

6 Die vorbereiteten Salatzutaten auf 8 Teller oder eine Platte verteilen. Die Sauce darauf geben. Den Salat mit Pistazienkernen bestreuen.

Beilage:
Stangenweißbrot oder Toast und Butter.

Tipp:
Der Salat schmeckt auch sehr gut, wenn statt der Paprikaschoten 2 rote Äpfel gewaschen, geviertelt, mit der Schale in feine Scheibchen geschnitten und mit Zitronensaft beträufelt werden. Geben Sie zusätzlich noch 2 geputzte, in Ringe geschnittene und kurz in Salzwasser blanchierte Porreestangen (Lauch) mit dem Käse und den Nudeln in die Sauce. Sie können die Sauce noch mit 2 Teelöffeln Currypulver verfeinern.

Süss-saurer Nudelsalat

4 Portionen
Zubereitungszeit: 25 Min., ohne Abkühl- und Durchziehzeit

Pro Portion:
E: 30 g, F: 44 g, Kh: 61 g, kJ: 3205, kcal: 765

- **2½ l Wasser**
- **2½ gestr. TL Salz**
- **250 g Schleifennudeln**
- **1 rote Paprikaschote (150 g)**
- **300 g TK-Erbsen**
- **4 EL Gemüsebrühe**
- **150 g Senfgurken**
- **200 g Maasdamer-Käse**

Für die Sauce:

- **200 g Salatmayonnaise**
- **2 Becher Vollmilchjoghurt (je 150 g)**
- **40 g Kapern**
- **2 EL Weißweinessig**
- **Salz**
- **frisch gemahlener Pfeffer**
- **½ gestr. TL Zucker**
- **1 EL Schnittlauchröllchen**

1 Wasser in einem großen Topf mit geschlossenem Deckel zum Kochen bringen. Dann Salz und Nudeln zugeben. Die Nudeln im geöffneten Topf bei mittlerer Hitze nach Packungsanleitung kochen lassen, dabei 4–5-mal umrühren.

2 Anschließend die Nudeln in ein Sieb geben, mit heißem Wasser abspülen und abtropfen lassen.

3 Paprika halbieren, entstielen, entkernen, die weißen Scheidewände entfernen. Schote waschen, trockentupfen und in Würfel schneiden. Brühe in einem Topf erhitzen. Paprikawürfel und Erbsen hinzufügen, etwa 3 Minuten dünsten. Gemüse erkalten lassen.

4 Senfgurken abtropfen lassen. Käse und Senfgurken in kleine Würfel schneiden. Paprikawürfel, Erbsen, Senfgurken-, Käsewürfel und Nudeln in einer Schüssel vermengen.

5 Für die Sauce Mayonnaise mit Joghurt, Kapern (mit Flüssigkeit) und Essig verrühren. Mit Salz, Pfeffer und Zucker würzen. Die Sauce unter den Salat heben und kalt gestellt etwa 1 Stunde durchziehen lassen. Nochmals mit den Gewürzen abschmecken.

6 Den Salat mit Schnittlauchröllchen bestreut servieren.

Tipp:
Den Salat mit Eierachteln, halbierten Cocktailtomaten oder Cocktailwürstchen auf Spießchen garnieren.

Schleifchensalat mit Putenfleisch

4 Portionen
Zubereitungszeit: 30 Min., ohne Marinier- und Abkühlzeit

Pro Portion:
E: 33 g, F: 20 g, Kh: 60 g, kJ: 2370, kcal: 566

- **300 g Putenbrustfilet**
- **2–3 EL Sojasauce**

- **2½ l Wasser**
- **2½ gestr. TL Salz**
- **250 g Schleifennudeln**

- **2 EL Speiseöl**
- **Salz**
- **frisch gemahlener Pfeffer**
- **4 Tomaten**
- **200–300 g TK-Erbsen**

Für die Sauce:

- **50 g Salatmayonnaise (50 % Fett)**
- **1 Becher (150 g) Vollmilchjoghurt**
- **4 EL Schlagsahne**
- **3 EL Tomatenketchup**
- **2 EL Cream Sherry oder Portwein**
- **Salz**
- **frisch gemahlener Pfeffer**
- **Zucker**

1 Putenbrustfilet unter fließendem kalten Wasser abspülen, trockentupfen und in Streifen schneiden. Fleischstreifen in eine flache Schale legen, mit Sojasauce mischen und etwa 1 Stunde marinieren.

2 Wasser in einem großen Topf mit geschlossenem Deckel zum Kochen bringen. Dann Salz und Nudeln zugeben. Die Nudeln im geöffneten Topf bei mittlerer Hitze nach Packungsanleitung kochen lassen, dabei 4–5-mal umrühren.

3 Anschließend die Nudeln in ein Sieb geben, mit heißem Wasser abspülen und abtropfen lassen.

4 Speiseöl in einer Pfanne erhitzen, Fleischstreifen aus der Marinade nehmen, trockentupfen und in dem erhitzten Speiseöl von allen Seiten anbraten, mit Salz und Pfeffer bestreuen.

5 Tomaten waschen, kreuzweise einschneiden und einige Sekunden in kochendes Wasser legen. Tomaten kurz in kaltem Wasser abschrecken, enthäuten, halbieren, entkernen und Stängelansätze entfernen. Tomaten in Streifen schneiden. Erbsen in kochendem Salzwasser etwa 3 Minuten kochen, in ein Sieb geben, mit kaltem Wasser übergießen und erkalten lassen. Die vorbereiteten Salatzutaten mit den Nudeln vermengen.

6 Für die Sauce Mayonnaise mit Joghurt, Sahne, Ketchup, Cream Sherry oder Portwein verrühren. Die Sauce mit Salz, Pfeffer und Zucker würzen. Die Sauce vorsichtig unter den Salat heben.

Bohnen-Nudelsalat

8 Portionen
Zubereitungszeit: 60 Min., ohne Durchziehzeit

Pro Portion:
E: 11 g, F: 16 g, Kh: 48 g, kJ: 1643, kcal: 392

- **3 l Wasser**
- **3 gestr. TL Salz**
- **500 g bunte Farfalle-Nudeln (Schmetterlingsnudeln)**

- **300 g dünne grüne Bohnen**
- **3 Fleischtomaten (etwa 450 g)**
- **3 rote Zwiebeln (etwa 100 g)**
- **1 Bund Kerbel**
- **1 Bund Schnittlauch**
- **1 Glas schwarze Oliven ohne Stein (Abtropfgewicht 170 g)**
- **1 Glas Sardellenfilets (40 g)**

Für die Marinade:

- **4 cl Sherry**
- **1 EL mittelscharfer Senf**
- **Salz**
- **frisch gemahlener Pfeffer**
- **6 EL Olivenöl**

1 Wasser in einem großen Topf mit geschlossenem Deckel zum Kochen bringen. Dann Salz und Nudeln zugeben. Die Nudeln im geöffneten Topf bei mittlerer Hitze nach Packungsanleitung kochen lassen, dabei 4–5-mal umrühren.

2 Anschließend die Nudeln in ein Sieb geben, mit heißem Wasser abspülen und abtropfen lassen.

3 Von den Bohnen die Enden abschneiden, Bohnen evtl. abfädeln und in mundgerechte Stücke schneiden oder brechen. Bohnen waschen und in kochendem Wasser 6–8 Minuten blanchieren. Bohnen in ein Sieb geben, mit eiskaltem Wasser übergießen und abtropfen lassen.

4 Tomaten waschen, trockentupfen, vierteln, entkernen und die Stängelansätze herausschneiden. Tomaten in größere Würfel schneiden. Zwiebeln abziehen, zuerst in Scheiben schneiden, dann in Ringe teilen. Kerbel und Schnittlauch abspülen und trockentupfen. Die Blättchen des Kerbels von den Stängeln zupfen (einige Blättchen zum Garnieren beiseite legen). Blättchen klein schneiden. Schnittlauch in kleine Röllchen schneiden.

5 Oliven in einem Sieb abtropfen lassen und in Scheiben schneiden. Sardellenfilets in Würfel schneiden.

6 Nudeln, Bohnen, Tomaten-, Sardellenfiletwürfel, Zwiebelringe, Schnittlauchröllchen und Kerbel in einer Schüssel mischen.

7 Für die Marinade Sherry mit Senf, Salz und Pfeffer verrühren, Olivenöl unterschlagen. Die Marinade zu den Salatzutaten geben und untermischen. Den Salat etwa 2 Stunden durchziehen lassen, dabei gelegentlich umrühren.

8 Den Salat in einer Glasschüssel anrichten und mit den beiseite gelegten Kerbelblättchen garniert servieren.

Beilage:
Hauchdünne, in Knoblauchöl gebratene Baguettescheiben.

Fleisch & Wurst

Ob mit Fleisch oder Wurst, hier werden Sie auf jeden Fall satt.

Kartoffel-Spitzkohl-Salat mit Kasseler

6 Portionen
Zubereitungszeit: 50 Min., ohne Abkühlzeit

Pro Portion:
E: 18 g, F: 13 g, Kh: 27 g, kJ: 1371, kcal: 328

- **1 kg fest kochende kleine Kartoffeln**
- **2 TL ganzer Kümmelsamen**
- **1 mittelgroßer Spitzkohl (etwa 600 g)**
- **500 ml (1/2 l) Gemüsebrühe**
- **350 g Kasseler-Aufschnitt**

Für die Sauce:

- **150 ml Gemüsebrühe**
- **1 Becher (150 g) Crème fraîche**
- **1 geh. EL Salatmayonnaise**
- **2 EL körniger Senf**
- **etwas Currypulver**
- **Salz, Pfeffer, Zucker**
- **2 TL ganzer Kümmelsamen**

- **Petersilienblättchen**

1 Kartoffeln gründlich waschen, mit Wasser bedeckt zum Kochen bringen, Kümmelsamen hinzugeben, zugedeckt in 20–25 Minuten gar kochen. Kartoffeln abgießen, mit kaltem Wasser abschrecken, abtropfen lassen, sofort pellen und lauwarm abkühlen lassen. Kartoffeln in Scheiben schneiden und beiseite stellen.

2 Spitzkohl putzen, vierteln und den Strunk entfernen. Spitzkohl in feine Streifen schneiden, waschen und abtropfen lassen. Brühe in einem Topf zum Kochen bringen. Kohlstreifen hinzufügen, zum Kochen bringen und 2–5 Minuten kochen lassen. Kohlstreifen in einem Sieb abtropfen und erkalten lassen. Kasseler-Aufschnitt in Streifen schneiden.

(Fortsetzung Seite 52)

3 Für die Sauce Brühe mit Crème fraîche, Mayonnaise und Senf verrühren. Mit Curry, Salz, Pfeffer und Zucker abschmecken. Kümmelsamen unterrühren.

4 Abwechselnd Kartoffelscheiben, Spitzkohl-, Kasselerstreifen und Sauce in eine hohe Glasschale schichten, dabei Kartoffelscheiben jeweils mit etwas Salz bestreuen. Mit Petersilienblättchen garnieren.

Salat mit Backkartoffeln, Lammfilets und Tsatsiki

6 Portionen
Zubereitungszeit: 55 Min., ohne Abtropf- und Marinierzeit

Pro Portion:
E: 28 g, F: 19 g, Kh: 32 g, kJ: 1736, kcal: 414

Für das Tsatsiki:

- **1 großer Becher (500 g) Naturjoghurt**

- **2 Lamm-Lachsfilets (je etwa 300 g)**
- **2 Knoblauchzehen**
- **1 rote Peperoni**
- **4 EL Olivenöl**
- **etwas gerebelter Thymian**

- **1 kg kleine neue Kartoffeln**

- **1 EL Olivenöl, Salz, Pfeffer**
- **½ Salatgurke**
- **4 Knoblauchzehen**

- **1 Bund Frühlingszwiebeln**
- **4 EL Olivenöl**

1 Für das Tsatsiki Joghurt in ein mit Küchenpapier ausgelegtes Sieb geben und gut abtropfen lassen.

2 Lammfilets unter fließendem kalten Wasser abspülen und trockentupfen. Filets in große Würfel schneiden und in eine flache Schale legen. Knoblauch abziehen und in kleine Würfel schneiden. Peperoni abspülen, trockentupfen und ebenfalls würfeln. Olivenöl mit Knoblauch-, Peperoniwürfeln und Thymian verrühren. Die Marinade zu den Lammfiletwürfeln geben, mischen und etwa 1 Stunde marinieren.

3 Kartoffeln gründlich waschen, mit Wasser bedeckt zum Kochen bringen, zugedeckt in 20–25 Minuten gar kochen. Kartoffeln abgießen, mit kaltem Wasser abschrecken, abtropfen lassen und warm stellen.

4 Den gut abgetropften Joghurt in eine Schüssel geben, Olivenöl unterrühren. Mit Salz und Pfeffer würzen. Gurke schälen, halbieren, entkernen und auf einer Haushaltsreibe grob raspeln. Knoblauch abziehen und in kleine Würfel schneiden. Gurkenraspel und Knoblauchwürfel unter den Joghurt rühren. Tsatsiki beiseite stellen.

5 Frühlingszwiebeln putzen, waschen, abtropfen lassen und in Ringe schneiden. Olivenöl in einer großen Pfanne erhitzen. Kartoffeln halbieren und unter mehrmaligem Wenden darin anbraten. Zwiebelringe unterrühren. Mit Salz und Pfeffer bestreuen. Kartoffeln mit den Zwiebelringen aus der Pfanne nehmen und auf einer großen Platte anrichten.

6 Lammfiletwürfel aus der Marinade nehmen, in die Pfanne geben, von allen Seiten anbraten und etwa 5 Minuten ruhen lassen.

7 Lammfiletwürfel auf den Kartoffeln verteilen. Beiseite gestelltes Tsatsiki in Klecksen darauf geben und sofort servieren.

Kartoffel-Kürbis-Salat

8 Portionen
Zubereitungszeit: 30 Min., ohne Abkühl- und Durchziehzeit

Pro Portion:
E: 12 g, F: 19 g, Kh: 35 g, kJ: 1512, kcal: 361

- **4 Zwiebeln**
- **1,5 kg fest kochende Kartoffeln**
- **400 ml Gemüsebrühe**
- **450 g TK-Erbsen**
- **2 Gläser eingelegter Kürbis (Abtropfgewicht je 200 g)**
- **1 Bund Dill**
- **250 g Salatmayonnaise (50 % Fett)**
- **80 g körniger Senf**
- **6 EL Kürbisflüssigkeit**
- **Salz**
- **frisch gemahlener Pfeffer**
- **150 g geräucherter durchwachsener Speck**

1 Zwiebeln abziehen, halbieren und in Streifen schneiden. Kartoffeln waschen, schälen, abspülen und in Scheiben schneiden. Gemüsebrühe zum Kochen bringen. Kartoffelscheiben und Zwiebelstreifen hineingeben, zum Kochen bringen und zugedeckt bei schwacher Hitze 10–15 Minuten garen. Die Erbsen unaufgetaut hinzufügen. Den Topf von der Kochstelle nehmen. Die Zutaten in der Brühe etwas abkühlen lassen.

2 Kürbis in einem Sieb abtropfen lassen, die Flüssigkeit dabei auffangen und 6 Esslöffel davon abmessen. Dill abspülen und trockentupfen. Die Spitzen von den Stängeln zupfen (einige Zweige zum Garnieren beiseite legen). Spitzen klein schneiden.

3 Mayonnaise mit Senf und der abgemessenen Kürbisflüssigkeit verrühren, Dill unterrühren. Mit Salz und Pfeffer würzen.

4 Kartoffelscheiben mit Zwiebelstreifen und Erbsen in ein Sieb geben, abtropfen lassen und in eine Schüssel geben. Kürbisstücke und die Dill-Mayonnaise untermengen. Den Salat etwa 30 Minuten durchziehen lassen.

5 Speck in Würfel schneiden, in einer beschichteten Pfanne knusprig braten und auf Küchenpapier abtropfen lassen. Den Salat mit Salz, Pfeffer und evtl. Kürbisflüssigkeit abschmecken, mit den Speckwürfeln bestreuen, mit den beiseite gelegten Dillzweigen garnieren und servieren.

Tipp:
Sie können den Salat bereits einige Stunden vor dem Verzehr zubereiten (ohne Speckwürfel und Dillzweige) und in einer geschlossenen Schüssel kalt stellen. Den Salat dann vor dem Verzehr nochmals gut umrühren, evtl. abschmecken. Salat mit Speckwürfeln bestreuen und mit Dillzweigen garnieren.

Feiner bunter Kartoffelsalat

4 Portionen
Zubereitungszeit: 40 Min., ohne Abkühl- und Durchziehzeit

Pro Portion:
E: 18 g, F: 34 g, Kh: 31 g, kJ: 2116, kcal: 505

- **750 g fest kochende Kartoffeln**
- **3 hart gekochte Eier**
- **2 mittelgroße Zwiebeln**
- **etwa 300 g Fleischwurst**
- **1 großer säuerlicher roter Apfel**
- **3–4 Gewürzgurken**

Für die Salatsauce:

- **2 EL Kräuteressig**
- **1 TL scharfer Senf**
- **4–5 EL Speiseöl**
- **Salz**
- **frisch gemahlener Pfeffer**
- **Zucker**
- **2 EL gehackte Petersilie**

1 Kartoffeln gründlich waschen, mit Wasser bedeckt zum Kochen bringen, zugedeckt in 20–25 Minuten gar kochen. Kartoffeln abgießen, mit kaltem Wasser abschrecken, abtropfen lassen, sofort pellen und lauwarm abkühlen lassen. Kartoffeln in Scheiben schneiden.

2 Eier pellen und in kleine Würfel schneiden. Zwiebeln abziehen und ebenfalls würfeln. Von der Fleischwurst die Haut abziehen. Fleischwurst zuerst in Scheiben, dann in schmale Streifen schneiden. Apfel waschen, abtrocknen, vierteln, entkernen, mit der Schale in dünne Scheiben schneiden. Gurken in kleine Würfel schneiden. Die Salatzutaten in eine große Schüssel geben.

3 Für die Sauce Essig mit Senf verrühren. Speiseöl unterschlagen. Mit Salz, Pfeffer und Zucker würzen. Die Salatsauce mit den Salatzutaten vermengen, Petersilie unterheben. Den Kartoffelsalat einige Stunden durchziehen lassen.

Tipp:
Zusätzlich noch einige in Würfel geschnittene Radieschen und 2–3 Stangen Staudensellerie (gewürfelt) unter den Salat geben. Der Salat schmeckt sehr gut mit einer Mayonnaise. Dafür 200 ml Gemüsebrühe mit einer in Würfel geschnittenen Zwiebel zum Kochen bringen. 2 Esslöffel Kräuteressig hinzufügen. Die Brühe zu den Kartoffelscheiben geben, vorsichtig untermengen und etwas durchziehen lassen. Den Salat wie unter Punkt 2 beschrieben weiter zubereiten, und statt der Salatsauce 150 g Salatmayonnaise unter die Salatzutaten heben. Der Kartoffelsalat kann schon 1 Tag vor dem Verzehr zubereitet werden (jedoch ohne Radieschen und Sellerie).

Warmer Kartoffelsalat mit Bärlauch

4 Portionen
Zubereitungszeit: 45 Min., ohne Abkühl- und Durchziehzeit

Pro Portion:
E: 27 g, F: 16 g, Kh: 24 g, kJ: 1485, kcal: 355

- **700 g kleine fest kochende Kartoffeln**
- **1 Bund Bärlauch und einen Bärlauchstängel mit Blütenansätzen**
- **2 Schalotten oder Zwiebeln**
- **200 ml Gemüsebrühe**
- **2 EL Weißweinessig**
- **4 EL Olivenöl**
- **Salz**
- **frisch gemahlener Pfeffer**

- **400 g Hähnchenbrustfilet**
- **2 EL Olivenöl zum Braten**
- **2 EL Schmand (Sauerrahm)**

1 Kartoffeln gründlich waschen, mit Wasser bedeckt zum Kochen bringen, zugedeckt in 20–25 Minuten gar kochen. Kartoffeln abgießen, mit kaltem Wasser abschrecken, abtropfen lassen, sofort pellen und lauwarm abkühlen lassen. Kartoffeln in Scheiben schneiden und in eine große Schüssel geben.

2 Bärlauch abspülen und trockentupfen. Bärlauchstängel zum Garnieren beiseite legen. Die Blättchen von den Stängeln zupfen. Blättchen klein schneiden. Schalotten oder Zwiebeln abziehen und in kleine Würfel schneiden. Bärlauch, Schalotten- oder Zwiebelwürfel zu den Kartoffelscheiben geben.

3 Brühe mit Essig und Olivenöl in einem Topf erhitzen. Mit Salz und Pfeffer würzen. Die Brühe über die Salatzutaten gießen und vorsichtig mischen. Den Salat 1–2 Stunden durchziehen lassen.

4 Hähnchenbrustfilets unter fließendem kalten Wasser abspülen, trockentupfen und in Würfel schneiden. Olivenöl in einer Pfanne erhitzen. Hähnchenbrustwürfel von allen Seiten darin anbraten. Mit Salz und Pfeffer bestreuen.

5 Den Kartoffelsalat in der Mikrowelle nochmals kurz erhitzen und vorsichtig verrühren. Hähnchenbrustwürfel auf dem Salat verteilen und mit dem beiseite gelegten Bärlauchstängel garniert sofort servieren. Schmand verrühren und dazu reichen oder in Klecksen auf den Kartoffelsalat geben.

Abwandlung:
Kartoffel-Bärlauch-Salat mit Schnecken.
500 g gegarte Pellkartoffeln und 100 g Bärlauch wie unter Punkt 1 und 2 beschrieben zubereiten. 2 Schalotten abziehen und in kleine Würfel schneiden. Etwa 70 Schnecken mit Fond aus der Dose in einem kleinen Topf aufkochen. Schnecken mit einem Schaumlöffel herausnehmen. Den Fond mit Fleischbrühe auf 125 ml (1/8 l) auffüllen, etwas abkühlen lassen. 1 Teelöffel scharfen Senf, 2 Esslöffel Rotweinessig ,1 Teelöffel Balsamico-Essig und 3 Esslöffel Olivenöl unter den Fond rühren. Bärlauch hinzugeben und mit einem Mixstab fein pürieren. Schalottenwürfel hinzufügen. Mit Salz, Pfeffer und Zucker kräftig abschmecken. Das Dressing zu den noch warmen Kartoffelscheiben geben und untermengen. Schnecken unterheben. Den Salat etwa 15 Minuten durchziehen lassen.

Kartoffel-Champignon-Salat

8 Portionen
Zubereitungszeit: 70 Min., ohne Abkühlzeit

Pro Portion:
E: 13 g, F: 21 g, Kh: 45 g, kJ: 1777, kcal: 424

- **2 kg Erstlinge (kleine Frühkartoffeln)**

Für die Sauce:

- **250 ml (1/4 l) heiße Gemüsebrühe**
- **100 ml Sherry-Essig**
- **1 EL Dijon-Senf**
- **Salz**
- **2 EL Zucker**
- **frisch gemahlener schwarzer Pfeffer**
- **125 ml (1/8 l) Olivenöl**
- **1 Zweig Rosmarin**
- **2 Zweige Thymian**
- **4 EL Speiseöl**
- **1 Pck. (200 g) Katenschinkenwürfel**
- **400 g Champignons**
- **1 rote Paprikaschote**
- **1 Bund Frühlingszwiebeln**

- **einige Thymianzweige nach Belieben**

1 Kartoffeln gründlich waschen, mit Wasser bedeckt zum Kochen bringen, zugedeckt in 20–25 Minuten gar kochen. Kartoffeln abgießen, mit kaltem Wasser abschrecken, abtropfen und lauwarm abkühlen lassen.

2 Für die Sauce Brühe mit Essig, Senf, Salz, Zucker und Pfeffer verrühren. Olivenöl unterschlagen. Rosmarin und Thymian abspülen, trockentupfen. Die Blättchen von den Stängeln zupfen, Blättchen fein schneiden und unter die Sauce rühren.

3 Die noch warmen Kartoffeln vierteln, nach Belieben pellen und vorsichtig mit der Sauce vermengen.

4 Speiseöl in einer Pfanne erhitzen. Schinkenwürfel hinzufügen und knusprig braten, herausnehmen und auf Küchenpapier abtropfen lassen.

5 Champignons putzen, mit Küchenpapier abreiben, evtl. kurz abspülen, trockentupfen und in Scheiben schneiden. Champignonscheiben in dem verbliebenen Bratfett in der Pfanne andünsten. Mit Salz und Pfeffer bestreuen, erkalten lassen.

6 Paprika halbieren, entstielen, entkernen und die weißen Scheidewände entfernen. Schote waschen, trockentupfen und in Würfel schneiden. Frühlingszwiebeln putzen, waschen, abtropfen lassen und in dünne Scheiben schneiden.

7 Schinkenwürfel, Champignonscheiben, Paprikawürfel und Zwiebelscheiben mit den Kartoffelvierteln vermengen. Den Salat nochmals mit Salz und Pfeffer abschmecken und nach Belieben mit Thymianzweigen garniert servieren.

Winterlicher Salat mit Sülze

8 Portionen
Zubereitungszeit: 50 Min., ohne Abkühl- und Durchziehzeit

Pro Portion:
E: 13 g, F: 20 g, Kh: 20 g, kJ: 1320, kcal: 315

- **1 Pck. (750 g) TK-Gourmet-Gemüse (z. B. Brokkoli, Erbsen)**
- **600 g fest kochende Kartoffeln**
- **Salz**
- **2 große Stangen Porree (Lauch)**
- **350 g Wurstsülze oder Geflügelsülze**

Für die Salatsauce:

- **5–6 EL Salatmayonnaise (50 % Fett)**
- **6 EL Milch**
- **Salz**
- **frisch gemahlener Pfeffer**
- **1 TL mittelscharfer Senf**
- **etwas Zucker**

1 Gemüse in kochendes Salzwasser geben, zum Kochen bringen und nach Packungsanleitung (5–10 Minuten) bissfest garen. Gemüse in ein Sieb geben, mit eiskaltem Wasser übergießen und gut abtropfen lassen.

2 Kartoffeln gründlich waschen, mit Wasser bedeckt zum Kochen bringen, zugedeckt in 20–25 Minuten gar kochen. Kartoffeln abgießen, mit kaltem Wasser abschrecken, abtropfen lassen und sofort pellen. Kartoffeln etwas abkühlen lassen, zuerst vierteln, dann in Scheiben schneiden und mit etwas Salz bestreuen.

3 Porree putzen, die Stangen längs halbieren, gut waschen, abtropfen lassen und in dünne Scheiben schneiden. Sülze in kleine Würfel (etwa 1 x 1 cm) schneiden. Die vorbereiteten Salatzutaten in eine große Schüssel geben.

4 Für die Sauce Mayonnaise mit Milch, Salz, Pfeffer, Senf und Zucker verrühren. Die Sauce zu den Salatzutaten geben und vorsichtig untermengen. Den Salat mit den Gewürzen gut abschmecken und etwa 30 Minuten durchziehen lassen.

Abwandlung:
Der Salat kann auch mit einer fertigen Remouladensauce aus dem Glas zubereitet werden, dannn zusätzlich 150 g Naturjoghurt unterrühren. Mit Salz, Pfeffer, Zucker und Senf pikant abschmecken.
Die Sülze kann auch getrennt zu dem Salat gereicht werden.
Statt TK-Gemüse frisches Gemüse verwenden, z. B. Brokkoli-, Blumenkohlröschen, Erbsen, Möhren. Dafür das Gemüse putzen, waschen, abtropfen lassen, evtl. klein schneiden und in kochendem Salzwasser 5–10 Minuten garen. Anschließend in ein Sieb geben, mit kaltem Wasser abschrecken und gut abtropfen lassen.
Bestreuen Sie den Salat vor dem Servieren dick mit Schnittlauchröllchen.

Geschichteter Kartoffel-Pesto-Salat

6 Portionen
Zubereitungszeit: 55 Min., ohne Durchziehzeit

Pro Portion:
E: 22 g, F: 49 g, Kh: 14 g, kJ: 2408, kcal: 575

Für das Pesto:
- **60 g Pinienkerne**
- **4 Knoblauchzehen**
- **50 g Rucola (Rauke)**
- **1 gestr. TL Salz**
- **200 ml Olivenöl**
- **100 g frisch geriebener Parmesan-Käse**
- **Salz**
- **frisch gemahlener Pfeffer**

- **1 Zucchini (etwa 350 g)**
- **300 g Champignons**
- **125 ml (1/8 l) Gemüsebrühe**
- **2 EL Weißweinessig**
- **2 TL Zucker**
- **Salz**
- **frisch gemahlener Pfeffer**
- **3 EL Olivenöl**

- **500 g gekochte kleine Pellkartoffeln**
- **3 mittelgroße Tomaten**

- **200 g Schweinebraten-aufschnitt**

- **etwas Rucola (Rauke) nach Belieben**

1 Für das Pesto Pinienkerne in einer Pfanne ohne Fett hellbraun rösten. Knoblauch abziehen und in kleine Würfel schneiden. Rucola putzen, waschen, abtropfen lassen, trockentupfen und etwas zerkleinern. Die vorbereiteten Zutaten mit Salz in einen hohen Rührbecher geben und mit einem Mixstab pürieren. Olivenöl nach und nach hinzufügen und gut verrühren. Käse unterrühren. Mit Salz und Pfeffer abschmecken.

2 Zucchini waschen, abtrocknen und die Enden abschneiden. Zucchini evtl. längs halbieren und in Scheiben schneiden. Champignons putzen, mit Küchenpapier abreiben, evtl. kurz abspülen, trockentupfen und vierteln.

3 Brühe mit Essig, Zucker, Salz und Pfeffer in einem kleinen Topf zum Kochen bringen und gut aufkochen lassen. Den Topf von der Kochstelle nehmen. Olivenöl unterschlagen.

4 Zucchinischeiben und Champignonviertel in eine Schüssel geben, mit der Marinade übergießen und etwas durchziehen lassen.

5 Kartoffeln pellen und in Scheiben schneiden. Tomaten waschen, kreuzweise einschneiden und einige Sekunden in kochendes Wasser legen. Tomaten kurz in kaltem Wasser abschrecken, enthäuten, halbieren, entkernen und Stängelansätze entfernen. Tomaten in Scheiben schneiden. Bratenaufschnitt in Streifen schneiden.

6 Zucchini- und Champignonviertel abwechselnd mit Kartoffel-, Tomatenscheiben und Fleischstreifen in eine hohe Glasschale schichten. Jeweils etwas Pesto auf den einzelnen Schichten verteilen. Kartoffelscheiben mit Salz bestreuen. Die oberste Schicht soll aus Pesto bestehen.

7 Den Salat nach Belieben mit Rucola garniert servieren.

Kartoffel-Chicorée-Salat mit Cabanossi

8 Portionen
Zubereitungszeit: 40 Min., ohne Durchziehzeit

Pro Portion:
E: 8 g, F: 25 g, Kh: 27 g, kJ: 1525, kcal: 364

- **1,2 kg fest kochende Kartoffeln**
- **2 Stauden Chicorée**
- **3 kleine rote Äpfel**
- **2 Bund Radieschen**
- **250 g Cabanossi (Knoblauchwurst)**

Für die Salatsauce:

- **6 EL Rotweinessig**
- **3 TL grobkörniger Senf**
- **Salz**
- **frisch gemahlener Pfeffer**
- **etwas Zucker**
- **6 EL Olivenöl**
- **6 EL Sonnenblumenöl**
- **1 Kästchen Kresse**

1 Kartoffeln gründlich waschen, mit Wasser bedeckt zum Kochen bringen, zugedeckt in 20–25 Minuten gar kochen. Kartoffeln abgießen, mit kaltem Wasser abschrecken, abtropfen lassen und sofort pellen.

2 Chicorée putzen, halbieren und den Strunk keilförmig herausschneiden. Chicorée klein schneiden. Äpfel waschen, abtrocknen, vierteln, entkernen und mit der Schale in dünne Spalten schneiden. Radieschen putzen, waschen, trockentupfen und in Scheiben schneiden.

3 Cabanossi in Würfel schneiden. Kartoffeln in Scheiben schneiden. Die vorbereiteten Salatzutaten in eine große Schüssel geben.

4 Für die Sauce Essig mit Senf, Salz, Pfeffer und Zucker verrühren. Oliven- und Sonnenblumenöl unterschlagen. Kresse abspülen, trockentupfen, mit einer Schere abschneiden und unter die Sauce rühren. Die Sauce zu den Salatzutaten geben und untermengen. Den Salat etwa 30 Minuten durchziehen lassen.

Tipp:
Sie können die Kartoffeln bereits am Vortag kochen, pellen und zugedeckt kalt stellen.

Hochzeitssalat

8 Portionen
Zubereitungszeit: 60 Min., ohne Durchziehzeit

Pro Portion:
E: 10 g, F: 40 g, Kh: 31 g, kJ: 2182, kcal: 521

- **6 mittelgroße gekochte Pellkartoffeln (etwa 1 kg)**
- **4 Zwiebeln**
- **1 kleine Dose Ananasstücke (Abtropfgewicht 340 g)**
- **4 saure Äpfel, z. B. Granny Smith**
- **400 g Fleischwurst**
- **2 Gläser Selleriesalat (Abtropfgewicht je 190 g)**

Für die Salatsauce:

- **250 g Salatmayonnaise (50 % Fett)**
- **150 g Naturjoghurt**
- **Salz**
- **frisch gemahlener Pfeffer**

1 Kartoffeln pellen, längs halbieren und in Scheiben schneiden. Zwiebeln abziehen, halbieren und in sehr dünne Scheiben schneiden. Ananasstücke in einem Sieb gut abtropfen lassen.

2 Äpfel schälen, vierteln, entkernen und in dünne Stifte schneiden. Von der Fleischwurst die Pelle abziehen. Die Fleischwurst in Würfel oder dünne Streifen schneiden. Selleriesalat in einem Sieb gut abtropfen lassen. Die vorbereiteten Salatzutaten in eine große Schüssel geben.

3 Für die Sauce Mayonnaise mit Joghurt verrühren, mit Salz und Pfeffer würzen und unter die Salatzutaten mischen. Den Salat etwa 30 Minuten durchziehen lassen (nicht länger, da er sonst zuviel Saft zieht). Evtl. vor dem Servieren nochmals mit Salz und Pfeffer abschmecken.

Abwandlung:
Noch herzhafter schmeckt der Salat, wenn Sie 1–2 Stangen Porree (Lauch) unter den Salat heben. Dafür Porree putzen, Stangen längs halbieren, waschen, abtropfen lassen und in Streifen schneiden. Porreestreifen kurz in kochendem Salzwasser blanchieren, anschließend in ein Sieb geben, mit kaltem Wasser abschrecken und gut abtropfen lassen.

Tipp:
Der Salat kann auch als Schichtsalat serviert werden (Apfelstifte sofort mit Zitronensaft beträufeln), dann die Salatsauce auf dem Salat verteilen.
Sie können den Salat schon einen Tag vor dem Verzehr zubereiten. Dann jedoch die Zwiebelscheiben vorher kurz in kochendem Salzwasser blanchieren, anschließend in ein Sieb geben, mit kaltem Wasser übergießen, gut abtropfen lassen und zum Salat geben.
Statt Fleischwurst können Sie auch gekochten Schinken oder Putenbrustaufschnitt verwenden.
Bereiten Sie den Salat evtl. mit einer frischen Ananas zu. Ananas kann durch Mandarinen aus der Dose ersetzt werden.

Italienischer Spaghettisalat

6 Portionen
Zubereitungszeit: 50 Min., ohne Durchziehzeit

Pro Portion:
E: 24 g, F: 20 g, Kh: 36 g, kJ: 1787, kcal: 427

- **250 g Spaghetti**
- **3 l Wasser**
- **3 TL Salz**

- **1 mittelgroße Gemüsezwiebel**
- **1 Zucchini**
- **2 Fleischtomaten**
- **200 g gegartes Kalbfleisch**
- **3 EL Basilikumessig**
- **Salz**
- **frisch gemahlener Pfeffer**
- **getrockneter Oregano**
- **4 EL Olivenöl**
- **12 entsteinte schwarze Oliven**
- **2 TL Kapern (aus dem Glas)**

Für die Tunfischsauce:
- **1 Dose Tunfisch in Öl (Abtropfgewicht 185 g)**
- **150 g Naturjoghurt**
- **1 EL Salatmayonnaise**

- **1 Topf Basilikum**

1 Spaghetti 1–2-mal durchbrechen. Wasser in einem Topf mit geschlossenem Deckel zum Kochen bringen. Salz und Spaghetti zugeben. Spaghetti im geöffneten Topf bei mittlerer Hitze nach Packungsanleitung bissfest kochen, dabei zwischendurch 4–5-mal umrühren.

2 Anschließend Spaghetti in ein Sieb geben, mit heißem Wasser abspülen und abtropfen lassen.

3 Gemüsezwiebel abziehen, halbieren und in dünne Scheiben schneiden. Zucchini waschen, abtrocknen und die Enden abschneiden. Zucchini in dünne Scheiben schneiden. Zwiebel- und Zucchinischeiben in kochendes Salzwasser geben, kurz aufkochen lassen, in ein Sieb geben, mit kaltem Wasser übergießen und abtropfen lassen.

4 Tomaten waschen, kreuzweise einschneiden und einige Sekunden in kochendes Wasser legen. Tomaten kurz in kaltem Wasser abschrecken, enthäuten, halbieren, entkernen und Stängelansätze entfernen. Tomaten in Spalten schneiden. Kalbfleisch in Streifen schneiden.

5 Essig mit Salz, Pfeffer und Oregano verrühren. Olivenöl unterschlagen. Spaghetti, Zwiebel-, Zucchinischeiben, Tomatenspalten, Kalbfleischstreifen, Oliven und abgetropfte Kapern in einer Schüssel vermengen. Sauce hinzufügen und untermischen. Den Salat etwa 20 Minuten durchziehen lassen.

6 Für die Sauce Tunfisch mit dem Öl aus der Dose pürieren, Joghurt und Mayonnaise unterrühren. Die Sauce mit Salz und Pfeffer abschmecken.

7 Basilikum abspülen und trockentupfen. Die Blättchen von den Stängeln zupfen. Den Salat mit den Basilikumblättchen garnieren. Die Tunfischsauce zu dem Salat reichen.

Tipp:
Kalbfleisch kann durch Bratenaufschnitt ersetzt werden.

Nudelsalat mit Basilikum-Vinaigrette

8 Portionen
Zubereitungszeit: 35 Min., ohne Durchziehzeit

Pro Portion:
E: 19 g, F: 11 g, Kh: 38 g, kJ: 1385, kcal: 330

- **4 l Wasser**
- **4 gestr. TL Salz**
- **400 g kurze Bandnudeln**

- **2 Dosen Artischockenherzen (je 240 g)**
- **6 Tomaten**
- **400 g braune Champignons**
- **300 g Kochschinken**

Für die Vinaigrette:

- **3 Knoblauchzehen**
- **2 EL Weißweinessig oder Zitronensaft**
- **5 EL Olivenöl**
- **Salz**
- **frisch gemahlener Pfeffer**
- **Zucker**
- **1 Topf Basilikum**

- **30 g Pinienkerne nach Belieben**

1 Wasser in einem großen Topf mit geschlossenem Deckel zum Kochen bringen. Dann Salz und Nudeln zugeben. Die Nudeln im geöffneten Topf bei mittlerer Hitze nach Packungsanleitung kochen lassen, dabei 4–5-mal umrühren.

2 Anschließend die Nudeln in ein Sieb geben, mit heißem Wasser abspülen und abtropfen lassen.

3 Artischockenherzen in einem Sieb abtropfen lassen. Tomaten waschen, kreuzweise einschneiden und einige Sekunden in kochendes Wasser legen. Tomaten kurz in kaltem Wasser abschrecken, enthäuten, halbieren, entkernen und Stängelansätze entfernen. Tomaten in Spalten schneiden.

4 Champignons putzen, mit Küchenpapier abreiben, evtl. kurz abspülen, trockentupfen und vierteln.

5 Für die Vinaigrette Knoblauch abziehen und durch eine Knoblauchpresse drücken. Essig oder Zitronensaft mit Knoblauch gut verrühren. Olivenöl unterschlagen. Mit Salz, Pfeffer und Zucker abschmecken. Champignonviertel hinzufügen und etwas durchziehen lassen.

6 Basilikum abspülen und trockentupfen. Die Blättchen von den Stängeln zupfen. Blättchen in Streifen schneiden. Basilikumstreifen unter die Champignons heben und mit den Nudeln mischen.

7 Den Salat mit Artischockenherzen, Tomatenspalten und Schinkenstreifen auf einer großen Platte anrichten. Nach Belieben mit Pinienkernen bestreuen.

Nudelsalat mit Schweineschnitzel

8 Portionen
Zubereitungszeit: 50 Min.

Pro Portion:
E: 18 g, F: 10 g, Kh: 22 g, kJ: 1050, kcal: 251

- **2 l Wasser**
- **2 gestr. TL Salz**
- **200 g kleine Nudeln, z. B. Gigli oder Conchiglie**

- **300 g Schweineschnitzel**
- **2 EL Speiseöl**
- **gemahlener Ingwer**
- **Salz**
- **frisch gemahlener Pfeffer**
- **1 Glas Spargel (Abtropfgewicht 205 g)**
- **150 g frische Champignons**
- **1 EL Zitronensaft**
- **150 g Käse mit Brennnesseln**
- **1 säuerlicher Apfel**
- **6 Cornichons**
- **1 Becher (150 g) Naturjoghurt**
- **3 EL Joghurt-Salatcreme**
- **einige Spritzer Tabasco**
- **1 Bund Schnittlauch**
- **1 Tomate**

1 Wasser in einem großen Topf mit geschlossenem Deckel zum Kochen bringen. Dann Salz und Nudeln zugeben. Die Nudeln im geöffneten Topf bei mittlerer Hitze nach Packungsanleitung kochen lassen, dabei 4–5-mal umrühren.

2 Anschließend die Nudeln in ein Sieb geben, mit heißem Wasser abspülen und abtropfen lassen.

3 Schnitzel unter fließendem kalten Wasser abspülen, trockentupfen und in feine Streifen schneiden. Speiseöl in einer Pfanne erhitzen. Fleischstreifen unter Wenden darin anbraten, mit Ingwer, Salz und Pfeffer würzen.

4 Spargel in einem Sieb abtropfen lassen und in mundgerechte Stücke schneiden. Champignons putzen, mit Küchenpapier abreiben, evtl. abspülen, trockentupfen und in Scheiben schneiden. Champignonscheiben mit Zitronensaft beträufeln.

5 Käse in Würfel schneiden. Apfe schälen, vierteln, entkernen unc ebenfalls in Würfel schneiden. Cornichons abtropfen lassen und in Scheiben schneiden.

6 Joghurt mit Salatcreme in einer Schüssel verrühren, mit Salz, Pfeffer und Tabasco abschmecken. Die vorbereiteten Salatzutaten und Fleischstreifen hinzugeben und vorsichtig untermischen.

7 Schnittlauch abspülen, trockentupfen und in Röllchen schneiden. Tomate waschen, trockentupfen Stängelansatz entfernen. Tomate achteln.

8 Den Salat mit Tomatenachteln garnieren und mit Schnittlauchröllchen bestreuen.

Warmer Nudelsalat

6 Portionen
Zubereitungszeit: 45 Min., ohne Durchziehzeit

Pro Portion:
E: 17 g, F: 13 g, Kh: 29 g, kJ: 1254, kcal: 300

- **300 g Brokkoliröschen**
- **400 ml Gemüsebrühe**
- **300 g gekochter Schinken**
- **4 Frühlingszwiebeln**
- **1 Glas Maiskölbchen (Abtropfgewicht 190 g)**

- **2½ l Wasser**
- **2½ gestr. TL Salz**
- **200 g Nudeln, z. B. Hütchen oder Trulli-Nudeln**

Für die Salatsauce:

- **200 ml Gemüsebrühe von dem Brokkoli**
- **3 EL Estragon-Essig**
- **6 EL Olivenöl**
- **Salz**
- **frisch gemahlener Pfeffer**
- **etwas Zucker**

- **2 EL Schnittlauchröllchen**

1 Von dem Brokkoli die Blätter entfernen. Brokkoli in Röschen teilen, waschen und abtropfen lassen. Brühe in einem Topf zum Kochen bringen. Brokkoliröschen hinzufügen, zum Kochen bringen und etwa 6 Minuten garen. Brokkoliröschen in ein Sieb geben, die Brühe dabei auffangen und 200 ml davon abmessen. Brokkoliröschen kurz in eiskaltes Wasser geben und anschließend in einem Sieb abtropfen lassen.

2 Schinken in Würfel schneiden. Frühlingszwiebeln putzen, waschen, abtropfen lassen und in Ringe schneiden. Maiskölbchen in einem Sieb abtropfen lassen, evtl. halbieren.

3 Wasser in einem großen Topf mit geschlossenem Deckel zum Kochen bringen. Dann Salz und Nudeln zugeben. Die Nudeln im geöffneten Topf bei mittlerer Hitze nach Packungsanleitung kochen lassen, dabei zwischendurch 4–5-mal umrühren.

4 Anschließend die Nudeln in ein Sieb geben, mit heißem Wasser abspülen und abtropfen lassen.

5 Für die Sauce Brühe in einem kleinen Topf zum Kochen bringen. Essig unterrühren, Olivenöl unterschlagen. Mit Salz, Pfeffer und Zucker kräftig würzen.

6 Nudeln, Brokkoliröschen, Schinkenwürfel, Zwiebelringe und Maiskolben in eine Schüssel geben und gut vermengen. Die Salatzutaten mit der heißen Brühe übergießen. Salat etwas durchziehen lassen.

7 Den Salat mit Schnittlauchröllchen bestreut servieren.

Tipp:
Sie können den Salat gut vorbereiten. Dann die Schüssel mit dem Salat auf dem Rost in den vorgeheizten Backofen schieben und bei Ober-/Unterhitze: etwa 100 °C, Heißluft: etwa 80 °C, Gas: etwa Stufe 1 etwa 20 Minuten erwärmen.

Makkaronisalat

8 Portionen
Zubereitungszeit: 50 Min., ohne Durchziehzeit

Pro Portion:
E: 30 g, F: 28 g, Kh: 56 g, kJ: 2535, kcal: 605

- **500 g Makkaroni**
- **5 l Wasser**
- **5 gestr. TL Salz**

- **1 Glas Cornichons (Abtropfgewicht 320 g)**
- **250 g gekochter Schinken**
- **200 g Salami**
- **250 g Emmentaler-Käse**
- **6 mittelgroße Tomaten**
- **2–3 säuerliche Äpfel**

Für die Sauce:
- **10 EL Tomatenketchup**
- **2 EL Rotweinessig**
- **6 EL Speiseöl**
- **Salz**
- **frisch gemahlener Pfeffer**
- **1 Prise Zucker**
- **1–2 Bund Schnittlauch**
- **1–2 Bund Petersilie**

- **Kresse nach Belieben**

1 Makkaroni 2–3-mal durchbrechen. Wasser in einem großen Topf mit geschlossenem Deckel zum Kochen bringen. Dann Salz und Nudeln zugeben. Die Nudeln im geöffneten Topf bei mittlerer Hitze nach Packungsanleitung kochen lassen, dabei 4–5-mal umrühren.

2 Anschließend die Nudeln in ein Sieb geben, mit heißem Wasser abspülen und abtropfen lassen. Makkaroni in eine große Schüssel geben.

3 Cornichons in einem Sieb abtropfen lassen und in Streifen schneiden. Schinken, Salami und Käse ebenfalls in Streifen schneiden. Tomaten waschen, kreuzweise einschneiden und einige Sekunden in kochendes Wasser legen. Tomaten kurz in kaltem Wasser abschrecken, enthäuten, halbieren, entkernen und Stängelansätze entfernen. Tomaten in Streifen schneiden.

4 Äpfel schälen, vierteln, entkernen und ebenfalls in Streifen schneiden. Die vorbereiteten Salatzutaten zu den Makkaroni geben und gut vermengen.

5 Für die Sauce Ketchup mit Essig verrühren. Speiseöl unterschlagen. Die Sauce mit Salz, Pfeffer und Zucker würzen.

6 Schnittlauch und Petersilie abspülen, trockentupfen. Schnittlauch in Röllchen schneiden. Petersilienblättchen von den Stängeln zupfen. Blättchen fein hacken. Schnittlauchröllchen und Petersilie unter die Sauce rühren. Die Sauce mit den Salatzutaten gut vermengen und den Salat etwas durchziehen lassen.

7 Den Salat nach Belieben vor dem Servieren mit Kresse bestreuen.

Abwandlung (Titelfoto): Statt Makkaroni Farfalle-Nudeln verwenden. Die Sauce ohne Tomatenketchup zubereiten, dann jedoch 4 Esslöffel Rotweinessig und 10 Esslöffel Speiseöl verwenden.
Herzhafter schmeckt der Salat, wenn Sie den Kochschinken durch in Scheiben geschnittene Salami ersetzen.

Nudelsalat mit Fleischsalat

6 Portionen
Zubereitungszeit: 45 Min., ohne Durchziehzeit

Pro Portion:
E: 14 g, F: 36 g, Kh: 48 g, kJ: 2437, kcal: 580

- **2 l Wasser**
- **2 gestr. TL Salz**
- **250 g Nudeln, z. B. Hörnchen oder Muscheln**

Für die Marinade:

- **2 EL Kräuteressig**
- **Salz**
- **frisch gemahlener Pfeffer**
- **etwas Zucker**
- **4 EL Olivenöl**

- **1 kleine Dose Ananasscheiben (Abtropfgewicht 270 g)**
- **10 kleine Gewürzgurken**
- **2 mittelgroße Äpfel**
- **4 hart gekochte Eier**
- **etwa 400 g Fleischsalat (aus dem Kühlregal)**
- **1 Becher (150 g) Naturjoghurt**

1 Wasser in einem großen Topf mit geschlossenem Deckel zum Kochen bringen. Dann Salz und Nudeln zugeben. Die Nudeln im geöffneten Topf bei mittlerer Hitze nach Packungsanleitung kochen lassen, dabei 4–5-mal umrühren.

2 Anschließend die Nudeln in ein Sieb geben, mit heißem Wasser abspülen und abtropfen lassen.

3 Für die Marinade Essig mit Salz, Pfeffer und Zucker verrühren, Olivenöl unterschlagen. Die Marinade zu den Nudeln geben, untermischen und etwas durchziehen lassen.

4 Ananasstücke in einem Sieb gut abtropfen lassen und in kleine Stücke schneiden. Gurken abtropfen lassen und in dünne Scheiben schneiden. Äpfel schälen, achteln, entkernen und ebenfalls in dünne Scheiben schneiden. Eier pellen und in Scheiben schneiden. Fleischsalat mit Joghurt verrühren.

5 Die Nudeln abwechselnd mit Ananasstücken, Apfel-, Eierscheiben und Fleischsalat in eine hohe Glasschale schichten. Restlichen Fleischsalat darauf verteilen. Den Salat eine Zeit lang durchziehen lassen.

Tipp:
Der Salat kann schon am Vortag zubereitet und zugedeckt über Nacht kalt gestellt werden.
Nach Belieben zusätzlich 150 g gegarte TK-Erbsen unter den Salat mischen.
Statt Fleischsalat kann auch Waldorfsalat verwendet werden.

Tortellinisalat „Pinocchio"

8–10 Portionen
Zubereitungszeit: 40 Min., ohne Abkühlzeit

Pro Portion:
E: 16 g, F: 26 g, Kh: 40 g, kJ: 1916, kcal: 458

- **2½ l Wasser**
- **2½ gestr. TL Salz**
- **500 g getrocknete bunte Tortellini, 5 Möhren**
- **1 Stange Staudensellerie**
- **2 Gläser Cocktailwürstchen (Abtropfgewicht je 250 g)**

Für die Sauce:

- **200 g Salatmayonnaise oder gewürzte Salatcreme**
- **4 EL Tomatenketchup**
- **Salz, Pfeffer**
- **1 Bund glatte Petersilie**

1 Wasser in einem großen Topf mit geschlossenem Deckel zum Kochen bringen. Dann Salz und Tortellini hinzugeben. Die Tortellini im geöffneten Topf bei mittlerer Hitze nach Packungsanleitung kochen lassen, dabei 4–5-mal umrühren.

2 Möhren putzen, schälen, waschen, abtropfen lassen und in dünne Scheiben schneiden. Sellerie putzen und die harten Außenfäden abziehen. Sellerie waschen, abtropfen lassen und in dünne Scheiben schneiden.

3 Möhren- und Selleriescheiben in kochendem Salzwasser etwa 2 Minuten blanchieren, in ein Sieb geben, mit kaltem Wasser übergießen und abtropfen lassen.

4 Cocktailwürstchen der Länge nach halbieren. Die vorbereiteten Salatzutaten in eine Schüssel geben.

5 Für die Sauce Mayonnaise oder Salatcreme mit Ketchup verrühren, mit Salz und Pfeffer würzen. Die Sauce mit den Salatzutaten vermengen.

6 Petersilie abspülen und trockentupfen. Die Blättchen von den Stängeln zupfen, Blättchen fein hacken. Den Salat mit Petersilie bestreut servieren.

Einfacher Nudel-Pilz-Salat

6 Portionen
Zubereitungszeit: 40 Min.

Pro Portion:
E: 21 g, F: 14 g, Kh: 59 g, kJ: 1878, kcal: 450

- **4 l Wasser**
- **4 gestr. TL Salz**
- **500 g Farfalle-Nudeln (Schleifchennudeln)**
- **250 g rosa Champignons**
- **2 EL Speiseöl**
- **250 g geräucherte Putenbrust**
- **1 Bund Schnittlauch**

- **2 EL Weißweinessig**
- **Salz**
- **frisch gemahlener Pfeffer**
- **6 EL Olivenöl**

1 Nudeln wie auf Seite 80 beschrieben gar kochen.

2 Champignons putzen, mit Küchenpapier abreiben, evtl. kurz abspülen, trockentupfen, in Scheiben schneiden. Speiseöl erhitzen. Champignonscheiben darin andünsten.

(Fortsetzung Seite 84)

3 Putenbrust in kleine Würfel schneiden. Schnittlauch abspülen, trockentupfen, in Röllchen schneiden. Die vorbereiteten Salatzutaten in einer Schüssel mischen.

4 Essig mit Salz und Pfeffer verrühren. Olivenöl unterschlagen. Die Marinade mit den Salatzutaten mischen. Den Salat pikant mit Salz und Pfeffer abschmecken.

Tipp:
Der Salat kann zusätzlich mit 2 Esslöffeln Salatmayonnaise oder 1 Becher (150 g) Crème fraîche verfeinert werden.

Farfalle-Salat mit Zitronenhähnchen

8 Portionen
Zubereitungszeit: 40 Min., ohne Marinierzeit

Pro Portion:
E: 26 g, F: 7 g, Kh: 41 g, kJ: 1416, kcal: 338

- **600 g Hähnchenbrustfilet**
- **2 Knoblauchzehen**
- **2 EL Zitronensaft**
- **2 EL Sojasauce**
- **frisch gemahlener Pfeffer**
- **frischer Thymian**
- **etwas abgeriebene Schale von 1 Bio-Zitrone (unbehandelt, ungewachst)**
- **3 EL Speiseöl**

- **3 l Wasser**
- **3 gestr. TL Salz**
- **400 g Farfalle-Nudeln (Schmetterlingsnudeln)**

- **300 g Kohlrabi**
- **300 g Zuckerschoten**
- **2 EL Speiseöl**

1 Hähnchenbrustfilets unter fließendem kalten Wasser abspülen, trockentupfen, in Würfel schneiden und in eine flache Schale legen. Knoblauch abziehen und durch eine Knoblauchpresse drücken.

2 Zitronensaft mit Sojasauce, Knoblauch, Pfeffer, Thymian und Zitronenschale verrühren. Speiseöl unterschlagen. Die Fleischwürfel mit der Marinade übergießen und etwa 1 Stunde durchziehen lassen.

3 Wasser in einem großen Topf mit geschlossenem Deckel zum Kochen bringen. Dann Salz und Nudeln zugeben. Die Nudeln im geöffneten Topf bei mittlerer Hitze nach Packungsanleitung kochen lassen, dabei 4–5-mal umrühren.

4 Anschließend die Nudeln in ein Sieb geben, mit heißem Wasser abspülen und abtropfen lassen.

5 Kohlrabi putzen, schälen und in Rauten oder in kleine Scheiben schneiden. Zuckerschoten putzen und die Enden abschneiden. Zuckerschoten waschen, abtropfen lassen und halbieren. Kohlrabi und Zuckerschoten in kochendem Salzwasser 2–3 Minuten garen, in ein Sieb geben, mit kaltem Wasser übergießen und abtropfen lassen.

6 Fleischwürfel aus der Marinade nehmen und gut abtropfen lassen. Speiseöl in einer Pfanne erhitzen. Fleischwürfel von allen Seiten darin anbraten, herausnehmen und beiseite stellen.

7 Restliche Marinade zum Bratensatz geben, unter Rühren aufkochen lassen, mit Salz und Pfeffer abschmecken.

8 Nudeln, Kohlrabirauten oder -scheiben und Zuckerschoten in eine große Schüssel geben und mit der Sauce gut vermischen. Salat kurz durchziehen lassen.

Nudelsalat „Nizzaer-Art“

4–6 Portionen
Zubereitungszeit. 40 Min., ohne Durchziehzeit

Pro Portion:
E: 20 g, F: 26 g, Kh: 69 g, kJ: 2509, kcal: 596

- **3 l Wasser**
- **3 gestr. TL Salz**
- **500 g getrocknete, mit Hackfleisch gefüllte Tortellini**

- **2 mittelgroße Zucchini (etwa 450 g)**
- **je 1 rote, gelbe und grüne Paprikaschote**
- **4 Fleischtomaten (etwa 450 g)**

- **1 Dose grüne Brechbohnen (Abtropfgewicht 360 g)**
- **1 Glas Anchovisfilets (in Salzlake eingelegte Sardellenfilets, Fischeinwaage 40 g)**
- **1 Bund Basilikum**
- **4 EL Basalmico-Essig**
- **Salz**
- **frisch gemahlener Pfeffer**
- **8 EL Olivenöl**
- **2 Knoblauchzehen**

1 Wasser in einem großen Topf mit geschlossenem Deckel zum Kochen bringen. Dann Salz und Tortellini zugeben. Die Tortellini im geöffneten Topf bei mittlerer Hitze nach Packungsanleitung kochen lassen, dabei 4–5-mal umrühren.

2 Anschließend die Tortellini in ein Sieb geben, mit heißem Wasser abspülen und abtropfen lassen.

3 Zucchini waschen, abtrocknen und die Enden abschneiden. Zucchini längs halbieren und in Scheiben schneiden. Paprika halbieren, entstielen, entkernen und die weißen Scheidewände entfernen. Die Schoten in große Stücke schneiden. Zucchinischeiben und Paprikastücke in kochendem Salzwasser etwa 3 Minuten blanchieren. Anschließend in ein Sieb geben, mit eiskaltem Wasser übergießen und abtropfen lassen.

4 Tomaten waschen, trockentupfen, vierteln, entkernen und die Stängelansätze herausschneiden. Tomatenviertel in Würfel schneiden. Bohnen in einem Sieb abtropfen lassen und die Flüssigkeit dabei auffangen.

5 Anchovisfilets abspülen, trockentupfen und in kleine Stücke schneiden. Basilikum abspülen und trockentupfen. Die Blättchen von den Stängeln zupfen. Blättchen klein schneiden.

6 Tortellini, Zucchinischeiben, Paprikastücke, Tomatenwürfel, Bohnen und Anchovisstückchen in einer Schüssel mischen.

7 Die Hälfte der aufgefangenen Bohnenflüssigkeit mit Essig, Salz und Pfeffer verrühren, Olivenöl unterschlagen. Basilikum unterrühren. Die Marinade zu den Salatzutaten geben, gut vermengen und den Salat abschmecken. Knoblauch abziehen und in kleine Würfel schneiden. Knoblauchwürfel in einer beschichteten Pfanne hellbraun rösten, herausnehmen und etwas abkühlen lassen. Den Salat damit bestreuen und kalt gestellt 1–2 Stunden durchziehen lassen.

Chinesischer Reisnudelsalat

6 Portionen
Zubereitungszeit: 45 Min., ohne Marinier-, Abkühl- und Durchziehzeit

Pro Portion:
E: 23 g, F: 15 g, Kh: 25 g, kJ: 1361, kcal: 325

- **75 g geröstete gesalzene Erdnusskerne**
- **400 g Hähnchenbrustfilet**
- **4 EL Sojasauce**

- **2 EL Sonnenblumenöl**
- **frisch gemahlener Pfeffer**

- **20 g frischer Ingwer**
- **Saft von 2 Orangen**
- **250 g Porree (Lauch)**
- **250 g Möhren**
- **125 g Mihoen-Nudeln (China-Reisnudeln)**
- **200 g rosa oder weiße Champignons**
- **3 EL Erdnussöl**
- **Salz**

1 Erdnusskerne in einer Pfanne ohne Fett leicht rösten. Aus der Pfanne nehmen und beiseite stellen. Hähnchenbrustfilets unter fließendem kalten Wasser abspülen, trockentupfen und in dünne Streifen schneiden. Fleischstreifen in eine flache Schale legen, mit Sojasauce mischen und etwa 30 Minuten marinieren.

2 Sonnenblumenöl in einer Pfanne erhitzen. Fleischstreifen von allen Seiten darin anbraten und mit Pfeffer bestreuen. Fleischstreifen aus der Pfanne nehmen und erkalten lassen.

3 Ingwer schälen und fein hacken. Orangensaft und Ingwer zu dem Bratfond geben und kurz aufkochen lassen. Den Sud erkalten lassen.

4 Porree putzen, die Stangen längs halbieren, gründlich waschen, zuerst in etwa 6 cm lange Stücke, dann in längliche feine Streifen schneiden. Möhren putzen, schälen, waschen, abtropfen lassen, ebenfalls in etwa 6 cm lange Stücke und anschließend längs in Streifen schneiden. Porree- und Möhrenstreifen in kochendem Salzwasser etwa 2 Minuten blanchieren. Anschließend in ein Sieb geben, mit kaltem Wasser übergießen und abtropfen lassen.

5 Nudeln mit kochendem Wasser übergießen und nach Packungsanleitung etwa 5 Minuten quellen lassen. Anschließend in ein Sieb geben, mit kaltem Wasser übergießen und abtropfen lassen. Nudeln mit einer Schere klein schneiden.

6 Champignons putzen, mit Küchenpapier abreiben, evtl. abspülen, trockentupfen und in sehr dünne Scheiben schneiden.

7 Erdnussöl unter den erkalteten Orangensud schlagen. Mit Salz und Pfeffer abschmecken. Nudeln, Porree–, Möhrenstreifen, Erdnusskerne und Fleischstreifen hinzufügen, gut vermengen. Den Salat etwa 30 Minuten durchziehen lassen. Vor dem Servieren nochmals durchrühren.

Spätzle-Linsen-Salat

8–10 Portionen
Zubereitungszeit: 50 Min., ohne Durchziehzeit

Pro Portion:
E: 25 g, F: 42 g, Kh: 49 g, kJ: 2821, kcal: 671

- **3 l Wasser**
- **3 gestr. TL Salz**
- **500 g Spätzle**

- **750 ml (3/4 l) Gemüsebrühe**

- **250 g Tellerlinsen**
- **8 Wiener Würstchen**
- **5 mittelgroße Tomaten**
- **1 Bund Frühlingszwiebeln**

Für die Marinade:

- **250 ml (1/4 l) warme Gemüsebrühe**
- **1 Glas (200 g) körniger Senf**
- **2 TL süßer körniger Senf**
- **4 EL Kräuteressig**
- **etwas Kreuzkümmel (Cumin)**
- **Salz**
- **frisch gemahlener Pfeffer**
- **1 geh. TL Currypulver**
- **200 ml Olivenöl**

1 Wasser in einem großen Topf mit geschlossenem Deckel zum Kochen bringen. Dann Salz und Spätzle zugeben. Die Spätzle im geöffneten Topf bei mittlerer Hitze nach Packungsanleitung kochen lassen, dabei 4–5-mal umrühren.

2 Anschließend die Spätzle in ein Sieb geben, mit heißem Wasser abspülen und abtropfen lassen.

3 Brühe in einem Topf zum Kochen bringen, Linsen hinzufügen und etwa 20 Minuten kochen. Anschließend in ein Sieb geben, den Sud dabei auffangen. Linsen mit kaltem Wasser übergießen und gut abtropfen lassen.

4 Würstchen in Scheiben schneiden. Tomaten waschen, kreuzweise einschneiden und einige Sekunden in kochendes Wasser legen. Tomaten kurz in kaltem Wasser abschrecken, enthäuten, halbieren, entkernen und Stängelansätze entfernen. Tomaten in große Stücke schneiden. Frühlingszwiebeln putzen, waschen, abtropfen lassen und in Ringe schneiden. Die vorbereiteten Salatzutaten in eine große Schüssel geben und vorsichtig mischen.

5 Für die Marinade Brühe mit dem aufgefangenen Sud, den beiden Senfsorten, Kümmel, Salz, Pfeffer und Curry verrühren. Olivenöl unterschlagen. Die Marinade über die Salatzutaten gießen, vorsichtig mischen und etwas durchziehen lassen. Den Salat vor dem Servieren nochmals mit den Gewürzen abschmecken.

Scharfer Tortellonisalat

8 Portionen
Zubereitungszeit: 45 Min., ohne Abkühl- und Durchziehzeit

Pro Portion:
E: 29 g, F: 28 g, Kh: 64 g, kJ: 2621, kcal: 624

Für die Hackfleischsauce:

- **je 1 grüne, rote und gelbe Paprikaschote**
- **600 g Gehacktes vom Schwein**
- **Salz**
- **frisch gemahlener Pfeffer**
- **Cayennepfeffer**
- **6 EL Tomatenketchup**
- **4–5 EL Obstessig**
- **etwas Zucker**

- **3–4 l Wasser**
- **3–4 gestr. TL Salz**
- **2 Pck. (je 500 g) Tortelloni mit Käsefüllung (aus dem Kühlregal)**

- **1 Salatgurke**
- **1 Bund glatte Petersilie**
- **150 ml lauwarme Gemüsebrühe**

1 Für die Hackfleischsauce Paprika halbieren, entstielen, entkernen und die weißen Scheidewände entfernen. Die Schoten waschen, trockentupfen und in kleine Würfel schneiden.

2 Gehacktes in einer beschichteten Pfanne bei mittlerer Hitze unter Rühren anbraten, dabei die Fleischklümpchen mit einer Gabel zerdrücken. Mit Salz, Pfeffer und Cayennepfeffer würzen. Tomatenketchup, 4 Esslöffel Obstessig und Paprikawürfel hinzugeben. Mit Zucker abschmecken. Hackfleischsauce abkühlen lassen.

3 Wasser in einem großen Topf mit geschlossenem Deckel zum Kochen bringen. Dann Salz und Tortelloni zugeben. Die Tortelloni im geöffneten Topf bei mittlerer Hitze nach Packungsanleitung kochen lassen, dabei 4–5-mal umrühren.

4 Anschließend die Tortelloni in ein Sieb geben, mit heißem Wasser abspülen und abtropfen lassen.

5 Salatgurke waschen, abtrocknen, der Länge nach halbieren und entkernen. Gurkenhälften in dünne Scheiben schneiden. Petersilie abspülen und trockentupfen. Die Blättchen von den Stängeln zupfen (einige Blättchen zum Garnieren beiseite legen).

6 Gemüsebrühe mit dem restlichen Obstessig, Salz und Pfeffer in einer großen Schüssel verrühren. Tortelloni, Gurkenscheiben und Petersilienblättchen hinzugeben und gut vermengen. Den Salat mindestens 20 Minuten durchziehen lassen. Mit Salz und Pfeffer abschmecken.

7 Die Hackfleischsauce auf dem Salat verteilen. Den Salat mit den beiseite gelegten Petersilienblättern garnieren und servieren.

Tipp:
In einer unbeschichteten Pfanne Gehacktes in 2–3 Esslöffeln Speiseöl anbraten.

Nudelsalat mit Huhn und Mango

4–6 Portionen
Zubereitungszeit: 45 Min., ohne Abkühl- und Durchziehzeit

Pro Portion:
E: 35 g, F: 16 g, Kh: 51 g, kJ: 2090, kcal: 499

- **3 l Wasser**
- **3 gestr. TL Salz**
- **600 g kleine mit Ricotta gefüllte Ravioli (Fertigprodukt aus dem Kühlregal)**

- **500 g Hähnchenbrustfilet**
- **500 ml (1/2 l) Fleischbrühe**
- **1 reife Mango (etwa 400 g)**
- **1 Dose Artischockenherzen (Abtropfgewicht 240 g)**
- **1 kleines Bund Schnittlauch-Knoblauch**

- **Saft von 2 Limetten**
- **Salz**
- **frisch gemahlener Pfeffer**
- **6 EL Speiseöl, z. B. Walnussöl**

- **je 2 milde rote und grüne Peperoni**

1 Wasser in einem großen Topf mit geschlossenem Deckel zum Kochen bringen. Dann Salz und Ravioli zugeben. Die Ravioli im geöffneten Topf bei mittlerer Hitze nach Packungsanleitung kochen lassen, dabei 4–5-mal umrühren.

2 Anschließend die Ravioli in ein Sieb geben, mit heißem Wasser abspülen und abtropfen lassen.

3 Hähnchenbrustfilets unter fließendem kalten Wasser abspülen und trockentupfen. Brühe in einem Topf zum Kochen bringen. Hähnchenbrustfilets hinzugeben, zum Kochen bringen und zugedeckt etwa 20 Minuten garen.

4 Hähnchenfleisch aus der Brühe nehmen, abtropfen und abkühlen lassen. Anschließend in Scheiben oder Würfel schneiden.

5 Mango in der Mitte längs durchschneiden und den Stein herausnehmen. Mangohälften schälen und das Fruchtfleisch in Würfel schneiden. Artischockenherzen in einem Sieb abtropfen lassen. Schnittlauch-Knoblauch abspülen, trockentupfen und in Röllchen schneiden.

6 Ravioli, Fleischscheiben oder -würfel, Mangowürfel und Artischockenherzen in einer großen Schüssel mischen.

7 Limettensaft mit Salz und Pfeffer verrühren. Speiseöl unterschlagen. Die Marinade zu den Salatzutaten geben und untermengen. Schnittlauchröllchen unterrühren. Den Salat etwa 2 Stunden kalt stellen und durchziehen lassen.

8 Peperoni abspülen, trockentupfen, längs halbieren, entkernen und in Streifen schneiden. Den Salat vor dem Servieren mit Peperonistreifen garnieren.

Tipp:
Ravioli können auch durch Tortellini ausgetauscht werden. Eine große Platte mit Kopfsalatblättern auslegen und den Salat darauf anrichten.

Tortellini-Salat

8 Portionen
Zubereitungszeit: 50 Min., ohne Durchziehzeit

Pro Portion:
E: 21 g, F: 26 g, Kh: 46 g, kJ: 1982, kcal: 499

- **3–4 l Wasser**
- **3–4 gestr. TL Salz**
- **500 g getrocknete Tortellini mit Käsefüllung**

- **600 g Tomaten**
- **400 g gekochter Schinken**

Für die Salatsauce:

- **1 kleines Glas (250 g) Miracel Whip**
- **150 g saure Sahne**
- **2 EL Balsamico-Essig**
- **2 abgezogene, zerdrückte Knoblauchzehen**
- **4 EL Olivenöl**
- **Salz**
- **frisch gemahlener Pfeffer**
- **gerebelter Thymian**
- **1 Bund Schnittlauch**
- **2 EL in Streifen geschnittene Basilikumblättchen**

1 Wasser in einem großen Topf mit geschlossenem Deckel zum Kochen bringen. Dann Salz und Tortellini zugeben. Die Tortellini im geöffneten Topf bei mittlerer Hitze nach Packungsanleitung kochen lassen, dabei 4–5-mal umrühren.

2 Anschließend die Tortellini in ein Sieb geben, mit heißem Wasser abspülen und abtropfen lassen.

3 Tomaten waschen, kreuzweise einschneiden und einige Sekunden in kochendes Wasser legen. Tomaten kurz in kaltem Wasser abschrecken, enthäuten, halbieren, entkernen und Stängelansätze entfernen. Tomatenhälften in Würfel schneiden. Schinken ebenfalls in Würfel schneiden.

4 Für die Sauce Miracel Whip mit saurer Sahne, Essig, Knoblauch und Olivenöl in einer großen Schüssel gut verrühren. Mit Salz, Pfeffer und Thymian würzen.

5 Schnittlauch abspülen, trockentupfen und in Röllchen schneiden. Basilikumstreifen und Schnittlauchröllchen unter die Sauce rühren.

6 Tortellini, Schinken- und Tomatenwürfel zur Salatsauce geben und vorsichtig mischen. Den Salat etwa 30 Minuten durchziehen lassen. Evtl. nochmals mit Salz und Pfeffer abschmecken.

Tipp:
Der Tortellini-Salat kann als vegetarische Variante auch ohne Schinken zubereitet werden. Den Schinken dann durch 400 g frische, in Scheiben geschnittene Champignons ersetzen. Gut schmeckt der Salat halb mit Schinken und halb mit Champignons kombiniert.

Salat von Rädernudeln

4–6 Portionen
Zubereitungszeit: 40 Min., ohne Durchzieh- und Kühlzeit

Pro Portion:
E: 37 g, F: 30 g, Kh: 91 g, kJ: 3303, kcal: 790

- **4 l Wasser**
- **4 gestr. TL Salz**
- **500 g Rädernudeln**
- **1 kleine Dose Ananasscheiben (Abtropfgewicht 350 g)**
- **500 g Hähnchenbrustfilet**
- **3 EL Speiseöl, Salz, Pfeffer**
- **3 Möhren (etwa 400 g)**
- **1 Glas (250 g) Salat mayonnaise (50 % Fett)**
- **Ananassaft aus der Dose**

1 Wasser in einem großen Topf mit geschlossenem Deckel zum Kochen bringen. Dann Salz und Nudeln zugeben. Die Nudeln im geöffneten Topf bei mittlerer Hitze nach Packungsanleitung kochen lassen, dabei 4–5-mal umrühren. Anschließend die Nudeln in ein Sieb geben, mit heißem Wasser abspülen und abtropfen lassen.

2 Ananasscheiben in einem Sieb abtropfen lassen und den Saft dabei auffangen.

3 Hähnchenbrustfilets unter fließendem kalten Wasser abspülen, trockentupfen und in Würfel schneiden. Speiseöl in einer Pfanne erhitzen. Fleischwürfel von allen Seiten etwa 10 Minuten darin braten. Mit Salz und Pfeffer bestreuen.

4 Möhren putzen, schälen, waschen, abtropfen lassen und in dünne Scheiben schneiden. Möhrenscheiben in kochendem Salzwasser etwa 5 Minuten garen. Anschließend in ein Sieb geben, mit eiskaltem Wasser übergießen und abtropfen lassen.

5 Die vorbereiteten Salatzutaten in einer Schüssel mischen. Mayonnaise mit etwa Ananassaft verrühren. Mit Salz und Pfeffer abschmecken. Die Mayonnaise zu den Salatzutaten geben und unterheben. Den Salat 1–2 Stunden kalt stellen und durchziehen lassen.

6 Den Salat vor dem Servieren nochmals mit Salz, Pfeffer und etwas Ananassaft abschmecken und vorsichtig mischen.

Schneller Geflügel-Nudel-Salat

8 Portionen
Zubereitungszeit: 40 Min.

Pro Portion:
E: 24 g, F: 18 g, Kh: 44 g, kJ: 1857, kcal: 443

- **2½ l Wasser**
- **2½ gestr. TL Salz**
- **250 g Gabelspaghetti**
- **Hühnerfleisch von einem fertig gebratenen Huhn**
- **1 Glas Selleriestreifen (Abtropfgewicht 235 g)**
- **1 Glas Champignonscheiben (Abtropfgewicht 235 g)**
- **1 Dose Mandarinen (Abtropfgewicht 175 g)**
- **1 Dose Ananasscheiben (Abtropfgewicht 350 g)**
- **1 kleines Glas (250 g) Joghurt-Salatcreme**
- **etwas Ananassaft aus der Dose**
- **Salz, Pfeffer, Currypulver**

1 Wasser in einem großen Topf mit geschlossenem Deckel zum Kochen bringen. Dann Salz und

(Fortsetzung Seite 100)

Nudeln zugeben. Die Nudeln im geöffneten Topf bei mittlerer Hitze nach Packungsanleitung kochen lassen, dabei 4–5-mal umrühren.

2 Anschließend die Nudeln in ein Sieb geben, mit heißem Wasser abspülen und abtropfen lassen.

3 Von dem gebratenen Huhn die Haut abziehen. Das Hühnerfleisch vom Knochen lösen und in mundgerechte Stücke schneiden. Sellerie, Champignonscheiben, Mandarinen und Ananasscheiben getrennt in einem Sieb abtropfen lassen. Von den Ananasscheiben den Saft auffangen. Ananasscheiben in Stücke schneiden. Die Salatzutaten in einer Schüssel vermengen.

4 Salatcreme mit Ananassaft verrühren. Mit Salz, Pfeffer und Curry abschmecken. Die Salatcreme unter die Salatzutaten heben. Nochmals abschmecken und servieren.

Italienischer Nudelsalat

4 Portionen
Zubereitungszeit: 30 Min., ohne Durchziehzeit

Pro Portion:
E: 16 g, F: 31 g, Kh: 43 g, kJ: 2147, kcal: 513

- **2 l Wasser**
- **2 gestr. TL Salz**
- **200 g Nudeln, z. B. Rädchen oder Farfalle (Schmetterlingsnudeln)**

- **1 Dose Maiskölbchen (Abtropfgewicht 240 g)**
- **150 g Salami**
- **1 kleiner Radicchio**
- **etwa 10 grüne Oliven ohne Stein**
- **1 Bund Rucola (Rauke)**

Für die Salatsauce:
- **2–3 EL Zitronensaft**
- **1 gestr. TL Salz**
- **1 gestr. TL Zucker**
- **etwas Cayennepfeffer**
- **frisch gemahlener schwarzer Pfeffer**
- **6–7 EL Olivenöl**

- **vorbereiteter Rucola (Rauke)**

1 Wasser in einem großen Topf mit geschlossenem Deckel zum Kochen bringen. Dann Salz und Nudeln zugeben. Die Nudeln im geöffneten Topf bei mittlerer Hitze nach Packungsanleitung kochen lassen, dabei 4–5-mal umrühren.

2 Anschließend die Nudeln in ein Sieb geben, mit heißem Wasser abspülen und abtropfen lassen.

3 Maiskölbchen in einem Sieb abtropfen lassen. Salami in Würfel schneiden.

4 Radicchio putzen, waschen, trockentupfen und in breite Streifen schneiden. Oliven abtropfen lassen. Rucola abspülen und trockentupfen.

5 Für die Sauce Zitronensaft mit Salz, Zucker, Cayennepfeffer und Pfeffer verrühren. Olivenöl unterschlagen.

6 Nudeln, Maiskölbchen und Salamiwürfel in einer Schüssel mischen, Salatsauce untermengen. Den Salat kalt gestellt etwa 30 Minuten durchziehen lassen.

7 Radicchiostreifen und Oliven kurz vor dem Servieren unterheben, evtl. nochmals mit den Gewürzen abschmecken.

8 Den Salat auf Rucola anrichten und servieren.

Penne-Brokkoli-Salat

8 Portionen
Zubereitungszeit: 35 Min.

Pro Portion:
E: 24 g, F: 22 g, Kh: 49 g,
kJ: 2053, kcal: 490

- **750 g frischer Brokkoli oder TK-Brokkoli**

- **4 l Wasser**
- **4 gestr. TL Salz**
- **500 g Penne tricolori (bunte Nudeln) oder einfarbige Nudeln**

- **400 g Cocktailtomaten**
- **1 Bund Petersilie**
- **300 g Hähnchenbrustaufschnitt**

Für die Sauce:
- **5 EL Weinessig**
- **1 gestr. TL Salz**
- **frisch gemahlener schwarzer Pfeffer**
- **1 EL Zucker**
- **100 ml Walnussöl**

- **150 g fein geriebener Höhlenkäse**
- **30 g Pinienkerne**

1 Von dem Brokkoli die schlechten Blätter entfernen. Brokkoli waschen, abtropfen lassen und in Röschen teilen. Brokkoliröschen in kochendem Salzwasser etwa 5 Minuten garen, TK-Brokkoli nach Packungsanleitung garen. Brokkoliröschen in ein Sieb geben, mit eiskaltem Wasser übergießen und abtropfen lassen.

2 Wasser in einem großen Topf mit geschlossenem Deckel zum Kochen bringen. Dann Salz und Nudeln zugeben. Die Nudeln im geöffneten Topf bei mittlerer Hitze nach Packungsanleitung kochen lassen, dabei 4–5-mal umrühren.

3 Anschließend die Nudeln in ein Sieb geben, mit heißem Wasser abspülen und abtropfen lassen.

4 Tomaten waschen, trockentupfen, evtl. halbieren und Stängelansätze entfernen. Tomaten in eine große Schüssel geben. Petersilie abspülen und trockentupfen. Die Blättchen von den Stängeln zupfen. Blättchen grob hacken. Hähnchenbrustaufschnitt in schmale Streifen schneiden.

5 Für die Sauce Essig mit Salz, Pfeffer und Zucker verrühren. Walnussöl unterschlagen.

6 Brokkoliröschen, Nudeln, Fleischstreifen und Käse zu den Tomatenhälften geben und mit der Sauce gut vermengen. Pinienkerne und Petersilie unterheben. Den Salat sofort servieren.

Hier finden Sie die feineren edleren Salate .

Fisch & Meeresfrüchte

Geschichteter Kartoffel-Herings-Salat

6 Portionen
Zubereitungszeit: 40 Min., ohne Abkühlzeit

Pro Portion:
E: 16 g, F: 55 g, Kh: 40 g, kJ: 3000, kcal: 724

- **1 kg fest kochende kleine Kartoffeln**
- **1 kg Heringsfilets in frischer Sahnesauce**
- **1 Becher (150 g) Naturjoghurt**
- **Salz, Pfeffer, etwas Zucker**
- **2–3 rote Äpfel**
- **1 EL Zitronensaft**
- **10 Cornichons**
- **3 Frühlingszwiebeln**
- **einige Dillspitzen nach Belieben**

1 Kartoffeln gründlich waschen, mit Wasser bedeckt zum Kochen bringen, zugedeckt in 20–25 Minuten gar kochen. Kartoffeln abgießen, mit kaltem Wasser abschrecken, abtropfen lassen, sofort pellen und lauwarm abkühlen lassen. Kartoffeln in Scheiben schneiden.

2 Heringsfilets aus der Sahnesauce nehmen und in Stücke schneiden. Die Sahnesauce mit Joghurt verrühren. Mit Salz, Pfeffer und Zucker abschmecken.

3 Äpfel waschen, trockentupfen, vierteln, entkernen, mit der Schale quer in Scheiben schneiden. Apfelscheiben mit Zitronensaft beträufeln. Cornichons abtropfen lassen und ebenfalls in Scheiben schneiden. Frühlingszwiebeln putzen, abtropfen lassen und in Ringe schneiden.

4 Die vorbereiteten Salatzutaten mit der Sauce abwechselnd in eine hohe Glasschüssel schichten, dabei die Kartoffelscheiben jeweils mit Salz und Pfeffer bestreuen. Die letzte Schicht sollte aus Sauce bestehen. Den Salat nach Belieben mit Dillspitzen garnieren.

Flämischer Salat

4–6 Portionen
Zubereitungszeit: 30 Min., ohne Durchziehzeit

Pro Portion:
E: 21 g, F: 27 g, Kh: 23 g, kJ: 1765, kcal: 422

- **800 g kleine gekochte Pellkartoffeln**
- **6 Matjesfilets**
- **2 Stauden Chicorée (je 150 g)**

Für die Salatsauce:

- **2 Zwiebeln**
- **2 Stängel Estragon**
- **1 Bund Kerbel**
- **6 EL Fleischbrühe**
- **4 EL Weißweinessig**
- **1 TL Salz**
- **frisch gemahlener Pfeffer**
- **6 EL Distelöl**

1 Kartoffeln pellen, zuerst in etwa 1/2 cm dicke Scheiben, dann in Streifen schneiden. Matjesfiltes in Würfel schneiden, evtl. vorhandene Gräten dabei entfernen.

2 Chicorée putzen, halbieren, jeweils den Strunk keilförmig herausschneiden. Chicorée waschen, abtropfen lassen und in Streifen schneiden. Die vorbereiteten Salatzutaten in eine Schüssel geben.

3 Für die Sauce Zwiebeln abziehen und in kleine Würfel schneiden. Estragon und Kerbel abspülen und trockentupfen. Die Blättchen von den Stängeln zupfen. Blättchen klein schneiden.

4 Brühe mit Essig, Salz und Pfeffer verrühren. Distelöl unterschlagen. Zwiebelwürfel und Kräuter unterrühren. Die Sauce zu den Salatzutaten geben und vorsichtig untermengen. Den Salat etwa 30 Minuten zugedeckt durchziehen lassen.

5 Den Salat vor dem Servieren nochmals vorsichtig mischen und evtl. mit den Gewürzen abschmecken.

Tipp:
Den Salat nach Belieben auf Chicoréeblättern anrichten. Der Flämische Salat ist auch für ein kaltes Büffet gut geeignet. Er kann auch bereits einige Stunden vor dem Verzehr zubereitet werden.

Thai-Kartoffelsalat

4–6 Portionen
Zubereitungszeit: 45 Min., ohne Auftau- und Durchziehzeit

Pro Portion:
E: 14 g, F: 1 g, Kh: 33 g, kJ: 862, kcal: 205

- **250 g TK-Garnelen**
- **700 g fest kochende Kartoffeln**
- **1 Dose Bambussprossen (in Stifte geschnitten, Abtropfgewicht 175 g)**
- **2 rote Paprikaschoten (etwa 500 g)**
- **1 Bund Schnittlauch-Knoblauch (etwa 100 g)**
- **1 Flasche (175 ml) süße Chilisauce**

1 Garnelen nach Packungsanleitung auftauen lassen, evtl. kurz abspülen und trockentupfen.

2 Kartoffeln gründlich waschen, schälen, abtropfen lassen und in Stifte schneiden. Kartoffelstifte in kochendem Salzwasser etwa 10 Minuten blanchieren. Anschließend in ein Sieb geben, mit kaltem Wasser übergießen und abtropfen lassen. Bambussprossen ebenfalls in einem Sieb abtropfen lassen.

3 Paprika halbieren, entstielen, entkernen, die weißen Scheidewände entfernen. Die Schoten waschen, trockentupfen und in Streifen schneiden. Paprikastreifen in kochendem Salzwasser etwa 3 Minuten blanchieren. Anschließend in ein Sieb geben, mit kaltem Wasser übergießen und abtropfen lassen.

4 Schnittlauch-Knoblauch abspülen, trockentupfen und in Röllchen schneiden.

5 Die vorbereiteten Salatzutaten in eine Schüssel geben und vorsichtig mischen. Chilisauce untermengen. Den Salat etwa 1 Stunde kalt stellen, dabei gelegentlich umrühren.

Schwedischer Kartoffel-Herings-Salat

4–6 Portionen
Zubereitungszeit: 50 Min., ohne Durchziehzeit

Pro Portion:
E: 20 g, F: 15 g, Kh: 23 g, kJ: 1290, kcal: 308

- **500 g fest kochende Kartoffeln**
- **200 g Roastbeef-Aufschnitt**
- **1 Glas Anchovis (in Salzlake eingelegte Sardellen, Fischeinwaage 40 g)**
- **2 Äpfel**
- **1 gekochte rote Bete oder etwa 250 g rote Bete aus dem Glas**
- **2 hart gekochte Eier**
- **4 Gewürzgurken**
- **4 EL Weißweinessig**
- **Salz**
- **frisch gemahlener Pfeffer**
- **5 EL Olivenöl**
- **100 ml Gemüsebrühe**
- **1 EL klein gehackte Kapern**
- **2 EL gehackter Kerbel**
- **2 EL gehackter Dill**

(Fortsetzung Seite 110)

1 Kartoffeln gründlich waschen, mit Wasser bedeckt zum Kochen bringen, zugedeckt in 20–25 Minuten gar kochen. Kartoffeln abgießen, mit kaltem Wasser abschrecken, abtropfen lassen, sofort pellen und lauwarm abkühlen lassen. Kartoffeln in Scheiben schneiden.

2 Roastbeef in Streifen schneiden. Anchovis evtl. wässern und in kleine Stücke schneiden. Äpfel schälen, vierteln, entkernen und in dünne Scheiben schneiden. Rote Bete schälen, ebenfalls in dünne Scheiben oder Streifen schneiden. Eier pellen. Gurken abtropfen lassen. Eier und Gurken in kleine Würfel schneiden.

3 Die vorbereiteten Salatzutaten in eine Schüssel geben und mischen.

4 Essig mit Salz und Pfeffer verrühren. Olivenöl unterschlagen. Brühe mit einem Schneebesen unterrühren. Kapern, Kerbel und Dill unterrühren. Die Marinade mit den Salatzutaten vermengen. Den Salat etwas durchziehen lassen. Nochmals mit Salz und Pfeffer abschmecken.

Kartoffel-Matjes-Salat

6 Portionen
Zubereitungszeit: 80 Min., ohne Durchziehzeit

Pro Portion:
E: 20 g, F: 44 g, Kh: 48 g, kJ: 2845, kcal: 679

- **1,5 kg fest kochende Kartoffeln**
- **6 Matjesfilets**
- **1 Bund Frühlingszwiebeln**
- **3–4 säuerliche Äpfel**

Für die Sauce:

- **50 g TK-Kräuter**
- **75 g grob gehackte oder halbierte Walnusskerne**
- **500 ml (1/2 l) Schlagsahne**
- **1 geh. EL mittelscharfer Senf**
- **Salz**
- **frisch gemahlener Pfeffer**
- **5–6 EL Kräuteressig**

- **einige Salatblätter**

1 Kartoffeln gründlich waschen, mit Wasser bedeckt zum Kochen bringen, in 20–25 Minuten mit Deckel gar kochen. Kartoffeln abgießen, mit kaltem Wasser abschrecken, abtropfen lassen, sofort pellen und lauwarm abkühlen lassen. Kartoffeln in Scheiben schneiden.

2 Matjesfilets abspülen, trockentupfen und in Würfel schneiden, dabei evtl. Gräten entfernen. Frühlingszwiebeln putzen, waschen, abtropfen lassen und in dünne Scheiben schneiden. Äpfel schälen, vierteln, entkernen und in Stifte schneiden.

3 Für die Sauce Kräuter mit Walnusskernen (einige Walnusskernhälften beiseite legen), Sahne und Senf verrühren, mit Salz, Pfeffer und Essig würzen.

4 Matjeswürfel, Frühlingszwiebelscheiben und Apfelstifte mit der Sauce in einer Schüssel vermengen. Kartoffelscheiben unterheben. Den Salat 1–2 Stunden durchziehen lassen und nochmals mit den Gewürzen abschmecken.

5 Den Salat mit den beiseite gelegten Walnusskernhälften bestreuen und mit einigen Salatblättern garnieren.

Kartoffel-Matjes-Salat mit Roter Bete

8 Portionen
Zubereitungszeit: 50 Min., ohne Durchzieh- und Kühlzeit

Pro Portion:
E: 27 g, F: 36 g, Kh: 21 g, kJ: 2173, kcal: 519

- **12 Matjesfilets (je 60 g)**
- **6 mittelgroße Zwiebeln**
- **8–10 Gewürzgurken**
- **6 große gegarte Pellkartoffeln**
- **6 hart gekochte Eier**
- **1 Glas Rote Bete in Scheiben (Abtropfgewicht 220 g)**

Für die Salatsauce:

- **4 EL (etwa 150 g) Salatmayonnaise (50 % Fett)**
- **450 g Naturjoghurt**
- **125 ml (1/8 l) Schlagsahne**
- **1 gestr. TL mittelscharfer Senf**
- **Salz**
- **frisch gemahlener Pfeffer**
- **etwas Zucker**

Nach Belieben zum Garnieren:

- **evtl. 3 hart gekochte Eier**
- **evtl. 2 EL gehackte Kräuter, z. B. Dill und Petersilie**

1 Matjesfilets evtl. entgräten, jedes Filet in 4–5 Stücke schneiden. Zwiebeln abziehen, halbieren und in Streifen schneiden.

2 Gurken abtropfen lassen und in Scheiben schneiden. Kartoffeln pellen, längs halbieren und in Scheiben schneiden. Eier pellen und ebenfalls in Scheiben schneiden. Rote Bete in einem Sieb gut abtropfen lassen, evtl. trockentupfen.

3 Für die Sauce Mayonnaise mit Joghurt, Sahne und Senf verrühren. Mit Salz, Pfeffer und Zucker würzen.

4 Nacheinander jeweils die Hälfte der Matjesstücke, Zwiebel-, Gurken-, Kartoffel-, Eier-und Rote-Bete-Scheiben in eine Schüssel schichten. Etwas Salatsauce darauf geben.

5 Die restlichen Salatzutaten in der gleichen Reihenfolge einschichten. Restliche Salatsauce darauf verteilen. Den Salat gekühlt und zugedeckt 4–6 Stunden durchziehen lassen.

6 Nach Belieben vor dem Servieren Eier pellen, halbieren, fein hacken, zusammen mit den Kräutern auf dem Salat verteilen.

Beilage:
Schwarzbrot oder dunkles Vollkornbrot.

Bunter Kartoffelsalat mit Tunfisch

6 Portionen
Zubereitungszeit: 50 Min.

Pro Portion:
E: 16 g, F: 37 g, Kh: 26 g, kJ: 2103, kcal: 503

Für die Sauce:

- **3 frische Eigelb (Größe M)**
- **2 EL mittelscharfer Senf**
- **6 EL Weißweinessig**
- **etwas Zucker**
- **Salz**
- **frisch gemahlener schwarzer Pfeffer**
- **150 ml Olivenöl**
- **2 rote Zwiebeln**

- **2 Pck. (je 500 g) Baked Potatoes (gebackene Kartoffeln aus dem Kühlregal)**
- **2 Dosen Tunfisch in Öl (Abtropfgewicht je 150 g)**
- **200 g Staudensellerie**
- **1 Bund glatte Petersilie**
- **250 g Cocktailtomaten**
- **1 rote Paprikaschote**

1 Für die Sauce Eigelb, Senf, Essig, Zucker, Salz und Pfeffer in eine Rührschüssel geben und mit Handrührgerät mit Rührbesen verrühren. Nach und nach Olivenöl unterrühren. Zwiebeln abziehen, fein würfeln und hinzufügen.

2 Kartoffeln pellen und in grobe Würfel schneiden. Tunfisch abtropfen lassen und mit einer Gabel zerpflücken.

3 Sellerie putzen und die harten Außenfäden abziehen. Sellerie waschen, abtropfen lassen und in feine Ringe schneiden. Petersilie abspülen und trockentupfen. Die Blättchen von den Stängeln zupfen. Blättchen fein schneiden.

4 Tomaten waschen, trockentupfen und evtl. die Stängelansätze entfernen. Paprika halbieren, entstielen, entkernen und die weißen Scheidewände entfernen. Schote waschen, trockentupfen und in feine Streifen schneiden.

5 Die vorbereiteten Salatzutaten in eine Schüssel geben und mit der Sauce mischen. Den Salat nochmals mit Essig, Zucker, Salz und Pfeffer abschmecken.

Tipp:
Nur ganz frisches Eigelb verwenden, das nicht älter als 5 Tage ist. (Legedatum beachten!) Anstelle der selbst zubereiteten Sauce können Sie auch ein Glas (200 g) Salatmayonnaise verwenden. Baked Potatoes können durch 1 kg gekochte Kartoffeln ersetzt werden, diese nach dem Garen abkühlen lassen und in Würfel schneiden.

Schwedischer Kartoffel-Krabben-Salat

4 Portionen
Zubereitungszeit: 40 Min., ohne Abkühl- und Durchziehzeit

Pro Portion:
E: 11 g, F: 12 g, Kh: 28 g, kJ: 1127, kcal: 270

- **500 g fest kochende Kartoffeln**
- **100 g TK-Erbsen**
- **1 Apfel**
- **125 g Krabbenfleisch**
- **100 g geraspelte rohe Sellerie**
- **125 g Salatmayonnaise, z. B. Miracel Whip**
- **1 EL Estragonsenf**
- **Salz**
- **frisch gemahlener Pfeffer**

1 Kartoffeln gründlich waschen, mit Wasser bedeckt zum Kochen bringen, zugedeckt in 20–25 Minuten gar kochen. Kartoffeln abgießen, mit kaltem Wasser abschrecken, abtropfen lassen, sofort pellen und lauwarm abkühlen lassen. Kartoffeln in kleine Würfel schneiden und in eine große Schüssel geben.

2 Erbsen in etwas kochendem Salzwasser etwa 3 Minuten garen. Anschließend in ein Sieb geben, mit eiskaltem Wasser übergießen und abtropfen lassen. Apfel schälen, vierteln, entkernen und in kleine Würfel schneiden. Erbsen, Apfelwürfel, Krabbenfleisch und Selleriearaspel zu den Kartoffelwürfeln geben und vorsichtig mischen.

3 Mayonnaise mit Senf verrühren und vorsichtig unter die Salatzutaten heben. Mit Salz und Pfeffer abschmecken. Den Salat etwas durchziehen lassen. Vor dem Servieren nochmals mit den Gewürzen abschmecken.

Gemüse-Kartoffel-Salat mit Lachs

4 Portionen
Zubereitungszeit: 45 Min., ohne Marinierzeit

Pro Portion:
E: 13 g, F: 32 g, Kh: 21 g, kJ: 1786, kcal: 428

- **300 g grüne Bohnen**
- **Salzwasser**

Für die Marinade:
- **3 EL Kräuteressig**
- **Salz, Pfeffer, etwas Zucker**
- **5 EL Olivenöl**

- **1 gelbe Paprikaschote**
- **400 g gekochte Pellkartoffeln**
- **1 Pck. (150 g) Gravad Lachs mit Sauce**
- **1 Becher (150 g) Crème fraîche**
- **3 kleine Tomaten**
- **einige Dillzweige**

1 Von den Bohnen die Enden abschneiden. Bohnen evtl. abfädeln, einmal durchbrechen oder -schneiden und in kochendem

(Fortsetzung Seite 118)

Salzwasser etwa 15 Minuten garen. Bohnen in ein Sieb geben, mit eiskaltem Wasser übergießen, abtropfen und etwas abkühlen lassen.

2 Für die Marinade Essig mit Salz, Pfeffer und Zucker verrühren. Olivenöl unterschlagen.

3 Die Hälfte der Marinade mit den warmen Bohnen vermengen und etwas durchziehen lassen.

4 Paprika halbieren, entstielen, entkernen und die weißen Scheidewände entfernen. Die Schote waschen, trockentupfen und in Streifen schneiden. Kartoffeln pellen und in Scheiben schneiden. Die Kartoffelscheiben auf eine große Platte legen. Mit Salz und Pfeffer bestreuen.

5 Die marinierten Bohnen mit Paprikastreifen mischen und auf den Kartoffelscheiben verteilen, dabei den Rand nicht belegen. Lachsscheiben dekorativ auf den Plattenrand legen.

6 Crème fraîche mit der Gravad-Lachs-Sauce verrühren und mit Salz abschmecken. Etwas von der Sauce mit Hilfe eines Löffels auf den Salat sprenkeln.

7 Tomaten waschen, trockentupfen, vierteln, entkernen und die Stängelansätze herausschneiden. Tomaten in Scheiben schneiden. Dill abspülen und trockentupfen.

8 Den Salat mit Tomatenscheiben und Dill garniert servieren. Restliche Sauce dazu reichen.

Labskaus-Salat

6 Portionen
Zubereitungszeit: 50 Min., ohne Abkühl- und Durchziehzeit

Pro Portion:
E: 35 g, F: 24 g, Kh: 21 g, kJ: 1878, kcal: 448

- **700 g fest kochende Kartoffeln**

- **1 Glas Rote Bete in Scheiben (Abtropfgewicht 220 g)**
- **5 hart gekochte Eier**
- **400 g Corned-Beef-Aufschnitt**
- **375 g Matjesfilet**
- **1 Zwiebel**
- **1 Bund Schnittlauch**
- **1 Becher (150 g) saure Sahne**
- **4 EL Schlagsahne**
- **1 EL Weißweinessig**
- **2 TL Himbeersirup**
- **Salz, Pfeffer**

1 Kartoffeln gründlich waschen, mit Wasser bedeckt zum Kochen bringen, zugedeckt in 20–25 Minuten gar kochen. Kartoffeln abgießen, mit kaltem Wasser abschrecken, abtropfen lassen, sofort pellen und lauwarm abkühlen lassen. Kartoffeln in Scheiben schneiden und in eine große Schüssel geben.

2 Rote-Bete-Scheiben abtropfen lassen und halbieren oder vierteln. Eier pellen und in etwas größere Stücke schneiden. Corned Beef in Streifen schneiden. Matjesfilets in Würfel schneiden, evtl. Gräten entfernen. Zwiebel abziehen, zuerst in dünne Scheiben schneiden, dann in Ringe teilen. Die Salatzutaten zu den Kartoffelscheiben geben und mischen.

3 Schnittlauch abspülen, trockentupfen und in Röllchen schneiden.

4 Saure Sahne mit Sahne, Essig und Sirup verrühren. Mit Salz und Pfeffer abschmecken. Die Sauce unter die Salatzutaten mischen. Schnittlauch unterheben. Den Salat kalt gestellt etwa 30 Minuten durchziehen lassen.

Kartoffelsalat mit Garnelen und Avocadocreme

6 Portionen
Zubereitungszeit: 55 Min., ohne Kühl- und Durchziehzeit

Pro Portion:
E: 19 g, F: 18 g, Kh: 31 g, kJ: 1512, kcal: 361

Für die Avocadocreme:

- **1 reife Avocado (etwa 200 g)**
- **1 reife Birne (etwa 300 g)**
- **Saft von 2 Limetten**
- **Salz**
- **frisch gemahlener Pfeffer**

Für den Salat:

- **1 kg fest kochende mittelgroße Kartoffeln**
- **1 mittelgroße Zwiebel**
- **150 ml Gemüsebrühe**
- **Salz**
- **2–3 EL Kräuteressig**
- **4 EL Olivenöl**

- **etwa 400 g Garnelen (ohne Schale)**
- **2 EL Olivenöl**
- **1 Knoblauchzehe**
- **2 rote Chilischoten**

- **1 Bund (60 g) Rauke (Rucola)**
- **etwa 150 g Cocktailtomaten**
- **etwa 80 g Sprossen, z. B. Alfalfa oder Soja**

1 Für die Avocadocreme Avocado in der Mitte längs durchschneiden und den Stein herausnehmen. Avocado schälen, Fruchtfleisch in Stücke schneiden und in einen hohen Rührbecher geben. Birne schälen, vierteln, entkernen und mit dem Limettensaft zu den Avocadostücken geben. Die Fruchtstücke mit einem Mixstab pürieren. Die Creme mit Salz und Pfeffer abschmecken, kalt stellen.

2 Für den Salat Kartoffeln gründlich waschen, mit Wasser bedeckt zum Kochen bringen, zugedeckt in 20–25 Minuten gar kochen. Kartoffeln abgießen, mit kaltem Wasser abschrecken, abtropfen lassen, sofort pellen und lauwarm abkühlen lassen. Kartoffeln in Scheiben schneiden und in eine große Schüssel geben.

3 Zwiebel abziehen und in kleine Würfel schneiden. Brühe mit den Zwiebelwürfeln in einem kleinen Topf zum Kochen bringen, Topf von der Kochstelle nehmen. Die Brühe über die noch warmen Kartoffelscheiben geben. Salz darauf streuen. Essig und Olivenöl darauf träufeln. Salat vorsichtig mischen und durchziehen lassen.

4 Garnelen abspülen und trockentupfen. Olivenöl in einer Pfanne erhitzen. Garnelen kurz von beiden Seiten darin anbraten. Knoblauch abziehen, durch eine Knoblauchpresse drücken und zu den Garnelen geben. Chili abspülen, trockentupfen, in kleine Würfel schneiden und ebenfalls zu den Garnelen geben, kurz andünsten lassen. Garnelen zum Salat geben und vorsichtig unterheben.

5 Rauke putzen, waschen und trockentupfen. Tomaten waschen, trockentupfen, halbieren und evtl. Stängelansätze entfernen.

6 Den Kartoffelsalat abwechselnd mit Rauke und Tomatenhälften auf einer großen Platte anrichten. Sprossen darauf verteilen. Avocadocreme in Klecksen darauf geben.

Tipp:
Sie können den Salat auch in einer großen Glasschüssel mit Rauke, Tomatenhälften und Avocadocreme einschichten.

Kartoffelsalat mit Räucherfisch

4–6 Portionen
Zubereitungszeit: 60 Min., ohne Abkühl- und Durchziehzeit

Pro Portion:
E: 27 g, F: 20 g, Kh: 23 g, kJ: 1601, kcal: 382

- **700 g kleine fest kochende Kartoffeln**
- **500 g Schillerlocken (Räucherfisch)**
- **1 Glas Silberzwiebeln (Abtropfgewicht 180 g)**
- **1 Glas Gewürzgurken (Abtropfgewicht 180 g)**
- **1 Bund (250 g) Radieschen**
- **150 g magerer durchwachsener Speck**

Für die Marinade:

- **250 ml (1/4 l) Gemüsebrühe**
- **4 EL Weißweinessig**
- **4 EL Speiseöl**
- **Salz**
- **frisch gemahlener Pfeffer**

1 Kartoffeln gründlich waschen, mit Wasser bedeckt zum Kochen bringen, zugedeckt in 20–25 Minuten gar kochen. Kartoffeln abgießen, mit kaltem Wasser abschrecken, abtropfen lassen, sofort pellen und lauwarm abkühlen lassen. Kartoffeln in Scheiben schneiden und in eine große Schüssel geben.

2 Schillerlocken schräg in dünne Scheiben schneiden. Silberzwiebeln und Gurken in einem Sieb abtropfen lassen. Gurken in Scheiben schneiden. Radieschen putzen, waschen, trockentupfen und ebenfalls in Scheiben schneiden.

3 Speck in Würfel schneiden und in einer erhitzten Pfanne unter Wenden anbraten.

4 Für die Marinade Brühe, Essig und Speiseöl in einem Topf erhitzen. Mit Salz und Pfeffer abschmecken.

5 Schillerlocken-, Radieschenscheiben, Silberzwiebeln, Gurkenscheiben und Speckwürfel mit den Kartoffelscheiben mischen. Die Marinade hinzugießen und vorsichtig mit den Salatzutaten vermengen.

6 Den Salat etwa 2 Stunden kalt stellen und durchziehen lassen.

Tipp:
Sie können den Salat schon am Vortag zubereiten. Je länger er durchzieht desto besser schmeckt er.

Curry-Kartoffelsalat

4–6 Portionen
Zubereitungszeit: 80 Min., ohne Abkühl- und Durchziehzeit

Pro Portion:
E: 24 g, F: 35 g, Kh: 29 g, kJ: 2205, kcal: 527

- **700 g kleine neue fest kochende Kartoffeln**
- **je 1 roter und grüner Bio-Apfel (unbehandelt, ungewachst)**
- **6 Matjesfilets (etwa 480 g)**
- **100 g Walnusskerne**
- **1 Becher (150 g) Crème légère oder Crème fraîche**
- **3 EL Milch**
- **Salz, Pfeffer**
- **1 EL Currypulver**
- **1 Kästchen Gartenkresse**

1 Kartoffeln gründlich waschen, mit Wasser bedeckt zum Kochen bringen, zugedeckt in 20–25 Minuten gar kochen. Kartoffeln abgießen, mit kaltem Wasser abschrecken, abtropfen lassen, sofort pellen und lauwarm abkühlen lassen. Kartoffeln in etwas dickere Scheiben schneiden und in eine große Schüssel geben.

2 Äpfel waschen, abtrocknen, vierteln, entkernen und quer in dünne Scheiben schneiden. Matjesfilets in mundgerechte Stücke schneiden. Walnusskerne grob hacken. Die Salatzutaten zu den Kartoffelscheiben geben.

3 Crème légère oder Crème fraîche mit Milch verrühren. Mit Salz, Pfeffer und Curry würzen. Die Curry-Creme mit den Salatzutaten vermengen. Den Salat etwa 1 Stunde kalt stellen und durchziehen lassen. Nochmals mit den Gewürzen abschmecken.

4 Kresse abschneiden, abspülen und trockentupfen. Kresse unter den Salat heben und sofort servieren.

Kartoffel-Linsen-Salat

4–6 Portionen
Zubereitungszeit: 50 Min., ohne Durchziehzeit

Pro Portion:
E: 24 g, F: 29 g, Kh: 43 g, kJ: 2220, kcal: 529

- **800 g fest kochende Kartoffeln**

Für die Marinade.

- **4 mittelgroße Zwiebeln**
- **5 EL Weißweinessig**
- **1 geh. EL körniger Senf**
- **200 ml Wasser**
- **Salz**
- **frisch gemahlener Pfeffer**
- **125 ml (1/8 l) Speiseöl**

- **1 Dose Linsen mit Suppengrün (Abtropfgewicht 530 g)**
- **2 geräucherte Forellenfilets (etwa 300 g)**
- **2 Frühlingszwiebeln**
- **1 Bund Schnittlauch**

1 Kartoffeln gründlich waschen, zugedeckt in Wasser zum Kochen bringen und in 20–25 Minuten gar kochen. Kartoffeln abgießen, abdämpfen, sofort pellen und lauwarm abkühlen lassen. Kartoffeln in Scheiben schneiden und in eine große Schüssel geben.

2 Für die Marinade Zwiebeln abziehen, halbieren und in

(Fortsetzung Seite 126

Streifen schneiden. Essig, Senf, Wasser, Salz und Pfeffer in einem Topf zum Kochen bringen. Zwiebelstreifen hinzufügen und 2–3 Minuten kochen lassen. Den Topf von der Kochstelle nehmen und Speiseöl unterrühren. Die Marinade zu den Kartoffelscheiben geben und vorsichtig mischen.

3 Linsen in ein Sieb geben und abtropfen lassen. Forellenfilets in Stücke schneiden. Frühlingszwiebeln putzen, waschen, abtropfen lassen und in schmale Scheiben schneiden. Schnittlauch abspülen, trockentupfen und in feine Röllchen schneiden.

4 Linsen, Forellenfiletstücke, Frühlingszwiebelscheiben und Schnittlauchröllchen zu den Kartoffelscheiben geben, vorsichtig untermischen. Den Salat etwa 1 Stunde durchziehen lassen.

5 Den Salat vor dem Servieren evtl. nochmals mit den Gewürzen abschmecken.

Kartoffel-Heringssalat

4–6 Portionen
Zubereitungszeit: 50 Min., ohne Abkühl- und Durchziehzeit

Pro Portion:
E: 26 g, F: 39 g, Kh: 26 g, kJ: 2341, kcal: 558

- **700 g kleine fest kochende Kartoffeln**
- **6 Heringsfilets (etwa 480 g)**
- **2 Stauden Chicorée (etwa 300 g)**
- **2 rote Zwiebeln (etwa 160 g)**
- **300 g Cocktailtomaten**

- **50 g Pinienkerne**

- **1 Bund Dill**
- **300 ml Schlagsahne**
- **2 EL Weißweinessig**
- **Salz**
- **frisch gemahlener Pfeffer**

1 Kartoffeln gründlich waschen, mit Wasser bedeckt zum Kochen bringen, zugedeckt in 20–25 Minuten gar kochen. Kartoffeln abgießen, mit kaltem Wasser abschrecken, abtropfen lassen, sofort pellen und lauwarm abkühlen lassen. Kartoffeln in Scheiben schneiden.

2 Heringsfilets kurz abspülen, trockentupfen und in mundgerechte Stücke schneiden, evtl. Gräten entfernen. Chicorée putzen und den Strunk keilförmig herausschneiden. Die Salatblätter (einige Blätter zum Garnieren beiseite legen) in kleine Stücke schneiden und auf Küchenpapier abtropfen lassen. Zwiebeln abziehen und in dünne Scheiben schneiden.

3 Tomaten waschen, trockentupfen und halbieren. Evtl. Stängelansätze herausschneiden.

4 Pinienkerne in einer Pfanne ohne Fett unter Wenden hellbraun rösten. Dill abspülen und trockentupfen (einige Dillzweige zum Garnieren beiseite legen). Die Spitzen von den Stängeln zupfen. Spitzen klein schneiden.

5 Sahne in eine Schüssel geben. Dill unterrühren. Mit Essig, Salz und Pfeffer abschmecken. Die vorbereiteten Salatzutaten hinzufügen und vorsichtig mit der Dillsahne mischen.

6 Den Salat etwa 2 Stunden kalt stellen und durchziehen lassen. Nochmals mit Essig, Salz und Pfeffer abschmecken. Mit den beiseite gelegten Salatblättern und Dillzweigen garniert servieren.

Katalanischer Kartoffelsalat

4–6 Portionen
Zubereitungszeit: 45 Min., ohne Abkühl- und Durchziehzeit

Pro Portion:
E: 6 g, F: 23 g, Kh: 22 g, kJ: 1406, kcal: 336

- **600 g kleine fest kochende Kartoffeln**
- **je 1 rote, grüne und gelbe Paprikaschote (etwa 600 g)**
- **1 kleines Glas Kapernäpfel (Abtropfgewicht 80 g)**
- **1 Glas schwarze Oliven ohne Stein (Abtropfgewicht 170 g)**
- **1 Glas Sardellenfilets (Fischeinwaage 40 g)**
- **1 Bund Basilikum**

Für die Salatsauce:

- **100 g Salatmayonnaise (50 % Fett)**
- **5 cl Sherry**
- **2 EL Weißweinessig**
- **Salz**
- **frisch gemahlener Pfeffer**
- **Knoblauchpulver**

1 Kartoffeln gründlich waschen, mit Wasser bedeckt zum Kochen bringen, zugedeckt in 20–25 Minuten gar kochen. Kartoffeln abgießen, mit kaltem Wasser abschrecken, abtropfen lassen, sofort pellen und lauwarm abkühlen lassen. Kartoffeln in Scheiben schneiden und in eine große Schüssel geben.

2 Paprika halbieren, entstielen, entkernen, die weißen Scheidewände entfernen. Die Schoten waschen, abtropfen lassen und in Würfel schneiden. Paprikawürfel in kochendem Salzwasser 2–3 Minuten blanchieren, anschließend in ein Sieb geben, mit kaltem Wasser übergießen und abtropfen lassen.

3 Kapernäpfel und Oliven in einem Sieb abtropfen lassen. Sardellenfilets evtl. etwas wässern und in kleine Stücke schneiden. Basilikum abspülen und trockentupfen. Die Blättchen von den Stängeln zupfen (einige Blättchen beiseite legen). Blättchen klein schneiden.

4 Paprikawürfel, Kapernäpfel, Oliven, Sardellenfiletstücke und Basilikum zu den Kartoffelscheiben geben und gut mischen.

5 Für die Sauce Mayonnaise mit Sherry und Essig verrühren. Mit Salz, Pfeffer und Knoblauch abschmecken. Die Salatsauce zu den Salatzutaten geben und unterheben.

6 Den Salat kalt gestellt einige Stunden durchziehen lassen. Vor dem Servieren mit den beiseite gelegten Basilikumblättchen garnieren.

Frühsommerlicher Kartoffelsalat

6 Portionen
Zubereitungszeit: 40 Min., ohne Durchziehzeit

Pro Portion:
E: 24 g, F: 25 g, Kh: 16 g, kJ: 1623, kcal: 387

- **600 g Frühkartoffeln**
- **1 Salatgurke (etwa 800 g)**
- **300 g Mai-Gouda-Käse**
- **4 hart gekochte Eier**
- **150 g Krabben**

Für das Dressing:

- **1 Bund Dill**
- **3 EL Weißweinessig**
- **1 TL mittelscharfer Senf**
- **4–5 EL Speiseöl**
- **Salz**
- **frisch gemahlener Pfeffer**
- **Zucker**

1 Kartoffeln gründlich waschen, mit Wasser bedeckt zum Kochen bringen, zugedeckt in 20–25 Minuten gar kochen. Kartoffeln abgießen, mit kaltem Wasser abschrecken, abtropfen lassen, sofort pellen und lauwarm abkühlen lassen. Kartoffeln in Scheiben schneiden und in eine große Schüssel geben.

2 Gurke waschen, abtrocknen und der Länge nach vierteln. Kerne mit einem Löffel herauslösen. Gurkenviertel in feine Scheibchen schneiden. Käse in kleine Würfel schneiden. Eier pellen und in Stücke hacken. Gurkenscheiben, Käsewürfel und Eierstückchen zu den Kartoffelscheiben geben und untermengen. Krabben vorsichtig unterheben.

3 Für das Dressing Dill abspülen und trockentupfen. Die Spitzen von den Stängeln zupfen. Spitzen klein schneiden. Essig mit Senf verrühren. Speiseöl unterschlagen. Mit Salz, Pfeffer und Zucker abschmecken. Dill unterrühren.

4 Dressing mit den Salatzutaten vermengen. Den Salat nochmals mit Salz und Pfeffer abschmecken und etwas durchziehen lassen.

Tipp:
Der Salat darf nicht zu lange durchziehen, da die Gurken Flüssigkeit abgeben.
Herzhafter schmeckt der Salat mit einem Ziegen-Gouda- oder Schnittlauch-Gouda-Käse. Gurke kann durch Staudensellerie ersetzt werden, dann zusätzlich Shrimps und Kaviar unter den Salat heben.

Calamares auf Kartoffel-Feldsalat-Salat

6–8 Portionen
Zubereitungszeit: 60 Min., ohne Durchziehzeit

Pro Portion:
E: 20 g, F: 34 g, Kh: 18 g, kJ: 1923, kcal: 460

- **500 g Kartoffeln, z. B. Galantina**

Für das Dressing:

- **75 g durchwachsener Speck in Würfel geschnitten**
- **3 EL Traubenkernöl**
- **6 TL Walnussöl**
- **3 EL Rotweinessig**
- **6 EL heiße Fleischbrühe**
- **2 Eigelb (Größe M)**
- **1 TL mittelscharfer Senf**
- **Salz**
- **frisch gemahlener Pfeffer**
- **etwas Zucker**

- **1 kg kleine Calamares (küchenfertig)**
- **4 Schalotten**
- **2 Knoblauchzehen**
- **4 Tomaten**
- **6 EL Olivenöl**
- **1 EL Basilikumstreifen**

- **120 g Feldsalat oder Portulaksalat**

1 Kartoffeln gründlich waschen, mit Wasser bedeckt zum Kochen bringen, in 20–25 Minuten mit Deckel gar kochen.

2 Für das Dressing Speckwürfel in einer Pfanne auslassen, herausnehmen, mit Traubenkern-, Nussöl, Essig, Brühe und Eigelb verrühren. Mit Senf, Salz, Pfeffer und Zucker abschmecken.

3 Die garen Kartoffeln abgießen, mit kaltem Wasser abschrecken, abtropfen lassen und sofort pellen. Kartoffeln in Scheiben schneiden, in eine Schüssel geben und sofort mit dem Dressing übergießen. Salat gut durchziehen lassen.

4 Calamares enthäuten, putzen, auswaschen, abtropfen lassen und in Ringe schneiden. Schalotten und Knoblauch abziehen, in kleine Würfel schneiden.

5 Tomaten waschen, kreuzweise einschneiden und einige Sekunden in kochendes Wasser legen. Tomaten kurz in kaltem Wasser abschrecken, enthäuten, halbieren, entkernen und Stängelansätze entfernen. Tomaten in große Würfel schneiden.

6 Olivenöl in einer Pfanne erhitzen. Schalotten- und Knoblauchwürfel darin andünsten. Calamaresringe hinzufügen und 2–3 Minuten mit andünsten. Mit Salz und Pfeffer würzen. Tomatenwürfel vorsichtig unterschwenken und Basilikumstreifen hinzugeben. Nochmals mit den Gewürzen abschmecken.

7 Feldsalat oder Portulaksalat putzen, waschen und trockentupfen.

8 Kartoffel- und Feldsalat auf Tellern anrichten und die Calamaresringe darauf verteilen.

Tipp:
Statt kleine Calamares können auch TK-Tintenfischringe oder Meeresfrüchte verwendet werden.
Nur ganz frisches Eigelb verwenden, das nicht älter als 5 Tage ist (Legedatum beachten!).

Kartoffelsalat mit Tunfisch

6–8 Portionen
Zubereitungszeit: 55 Min., ohne Abkühlzeit

Pro Portion:
E: 21 g, F: 41 g, Kh: 32 g, kJ: 2495, kcal: 597

- **1 kg kleine fest kochende Kartoffeln**
- **2 Bund Radieschen**
- **2 Bund Frühlingszwiebeln**
- **3 Dosen Tunfisch (Abtropfgewicht je 185 g)**
- **100 g blaue Weintrauben**

Für die Marinade:

- **150 ml heller Traubensaft (Weintrauben)**
- **150 ml Weißwein**
- **1 Becher (150 g) Crème fraîche**
- **150 ml Olivenöl**
- **Salz**
- **frisch gemahlener Pfeffer**
- **Zucker**
- **2–3 EL Himbeeressig**

- **1 Bund Dill**

1 Kartoffeln gründlich waschen, mit Wasser bedeckt zum Kochen bringen, zugedeckt in 20–25 Minuten gar kochen. Kartoffeln abgießen, mit kaltem Wasser abschrecken, abtropfen lassen, sofort pellen und lauwarm abkühlen lassen. Kartoffeln längs vierteln oder achteln und in eine große Schüssel geben.

2 Radieschen und Frühlingszwiebeln putzen, waschen, abtropfen lassen. Radieschen trockentupfen und in Scheiben, Frühlingszwiebeln in Stücke schneiden.

3 Tunfisch in einem Sieb abtropfen lassen und mit einer Gabel etwas zerpflücken. Weintrauben waschen, abtropfen lassen, halbieren und entkernen.

4 Für die Marinade Traubensaft, Wein, Crème fraîche und Olivenöl in einen hohen Rührbecher geben und mit einem Mixstab aufschlagen. Die Marinade mit Salz, Pfeffer, Zucker und Essig abschmecken.

5 Dill abspülen und trockentupfen. Die Spitzen von den Stängeln zupfen. Spitzen klein schneiden und unter die Marinade heben.

6 Radieschenscheiben, Zwiebelstückchen, Tunfisch und Weintraubenhälften zu den Kartoffelstücken geben und vermengen. Marinade hinzugießen und vorsichtig mischen. Den Salat auf einer Platte anrichten.

Düsseldorfer Kartoffelsalat

4 Portionen
Zubereitungszeit: 40 Min., ohne Durchziehzeit

Pro Portion:
E: 14 g, F: 20 g, Kh: 20 g, kJ: 1340, kcal: 319

- **400 g gekochte Pellkartoffeln**
- **½ Salatgurke (etwa 500 g)**
- **400 g Tomaten**
- **400 g gekochter Knollensellerie**

Für die Sauce:

- **3 EL Weißweinessig**
- **1 TL mittelscharfer Senf**
- **Salz, Pfeffer**
- **etwas Zucker**
- **6 EL Speiseöl**

(Fortsetzung Seite 136)

- **2 hart gekochte Eier**
- **100 g Krabben oder Shrimps**
- **20 g Kaviar**

1 Kartoffeln pellen. Gurke waschen, abtrocknen und die Enden abschneiden. Gurke längs halbieren und entkernen. Tomaten waschen, abtrocknen und die Stängelansätze herausschneiden. Tomaten vierteln und entkernen.

2 Die vorbereiteten Salatzutaten in einer Schüssel mischen. Sellerie in kleine Würfel schneiden und untermengen.

3 Für die Sauce Essig mit Senf, Salz, Pfeffer und Zucker verrühren. Speiseöl unterschlagen. Die Salatzutaten mit der Sauce vermengen. Den Salat etwa 30 Minuten durchziehen lassen.

4 Eier pellen und in Scheiben schneiden. Den Salat auf Tellern anrichten, mit Eierscheiben und Krabben oder Shrimps garnieren. Kaviar in kleinen Klecksen auf die Eierscheiben geben.

Tipp:
Nach Belieben einige Salatblätter (z. B. Lollo Rosso) waschen und trockenschleudern. Den Salat darauf anrichten.

Karnevalssalat

6 Portionen
Zubereitungszeit: 40 Min.

Pro Portion:
E: 20 g, F: 38 g, Kh: 29 g, kJ: 2245, kcal: 537

- **1 Glas Bismarkheringe (Abtropfgewicht 250 g)**
- **125 g Gewürzgurken**
- **4 hart gekochte Eier**
- **250 g Fleischwurst**
- **2 Äpfel (400 g)**
- **1 kleine Zwiebel**
- **500 g gekochte Pellkartoffeln**
- **1 kleines Glas (350 g) Joghurt-Salatcreme**
- **50 ml Gurkenflüssigkeit**
- **2 EL Kräuteressig**
- **Salz**
- **frisch gemahlener Pfeffer**

Zum Bestreuen und Garnieren:
- **etwas Petersilie**
- **1 hart gekochtes Ei**

1 Heringe und Gurken abtropfen lassen, anschließend in kleine Würfel schneiden. Eier pellen. Von der Fleischwurst die Pelle abziehen. Äpfel schälen, vierteln und entkernen. Zwiebel abziehen.

2 Eier, Fleischwurst, Apfelviertel, Zwiebel und Kartoffeln in kleine Würfel schneiden. Die Salatzutaten in eine Schüssel geben und vermengen. Salatcreme mit Gurkenflüssigkeit und Essig verrühren. Mit Salz und Pfeffer abschmecken. Die Salatcreme unter die Salatzutaten heben.

3 Zum Bestreuen und Garnieren Petersilie waschen, trockentupfen und fein hacken. Ei pellen und in Scheiben schneiden.

4 Den Karnevalssalat mit Petersilie bestreut und mit Eierscheiben garniert servieren.

Maritimer oder feiner Kartoffelsalat

4–6 Portionen
Zubereitungszeit: 60 Min., ohne Abkühl- und Durchziehzeit

Pro Portion:
E: 23 g, F: 59 g, Kh: 22 g, kJ: 2986, kcal: 713

- **500 g kleine fest kochende Kartoffeln**
- **2 Bund Frühlingszwiebeln (etwa 500 g)**
- **400 g Räucherlachs oder Graved Lachs**
- **2 Fleischtomaten (etwa 300 g)**
- **2 Kästchen Gartenkresse**

- **1 Glas Forellenkaviar (Einwaage 100 g)**

Für die Sherry-Senf-Sauce:
- **1 Eigelb**
- **5 cl Sherry medium**
- **1 EL mittelscharfer Senf**
- **Salz**
- **frisch gemahlener Pfeffer**

- **250 ml (1/4 l) Speiseöl**
- **2 EL Weißweinessig**
- **etwas Knoblauchpulver**

1 Kartoffeln gründlich waschen, mit Wasser bedeckt zum Kochen bringen, zugedeckt in 20–25 Minuten gar kochen. Kartoffeln abgießen, mit kaltem Wasser abschrecken, abtropfen lassen, sofort pellen und lauwarm abkühlen lassen. Kartoffeln in Scheiben schneiden und in eine große Schüssel geben.

2 Frühlingszwiebeln putzen, waschen, abtropfen lassen und in etwa 2 cm lange Stücke schneiden. Zwiebelstücke in kochendem Salzwasser etwa 1 Minute blanchieren, in ein Sieb geben, anschließend mit kaltem Wasser übergießen und abtropfen lassen.

3 Lachs in kleine Stücke schneiden. Tomaten waschen, trockentupfen, vierteln, entkernen und die Stängelansätze herausschneiden. Tomatenviertel in Würfel schneiden. Kresse abspülen, trockentupfen und abschneiden.

4 Zwiebel-, Lachsstücke, Tomatenwürfel, Kresse und Forellenkaviar zu den Kartoffelscheiben geben und vorsichtig mischen.

5 Für die Sauce Eigelb mit Sherry, Senf, Salz und Pfeffer in einer Rührschüssel mit Handrührgerät mit Rührbesen zu einer dicklichen Creme aufschlagen. Speiseöl in Mengen von 1–2 Esslöffeln nach und nach darunter schlagen (bei dieser Zubereitung ist es nicht notwendig, das Speiseöl tropfenweise zuzusetzen, die an das Eigelb gegebenen Gewürze verhindern eine Gerinnung). Die Sauce mit Salz, Pfeffer und Knoblauch abschmecken und unter die Salatzutaten heben. Den Salat einige Stunden kalt stellen und durchziehen lassen.

Tipp:
Der Salat kann am Vortag zubereitet werden. Garnieren Sie den Salat vor dem Servieren mit Kresse, Forellenkaviar und Tomatenwürfeln. Nur ganz frisches Eigelb verwenden, das nicht älter als 5 Tage ist (Legedatum beachten!).

Argentinischer Kartoffelsalat mit Chorizo in Ajwardressing

4–6 Portionen
Zubereitungszeit: 60 Min., ohne Abkühl- und Durchziehzeit

Pro Portion:
E: 15 g, F: 24 g, Kh: 29 g, kJ: 1669, kcal: 399

- **700 g kleine fest kochende Kartoffeln**
- **je 3 milde rote und grüne Chilischoten (etwa 300 g)**
- **1 Bund Frühlingszwiebeln (etwa 250 g)**
- **einige Minzezweige**
- **1 Bund glatte Petersilie**
- **4 Sardellenfilets (etwa 40 g)**
- **300 g Chorizo (spanische Paprikawurst)**
- **4 EL Olivenöl**

- **200 g Ajwar (Paprika-Tomaten-Paste)**
- **2 EL Rotweinessig**
- **Salz**
- **frisch gemahlener Pfeffer**

1 Kartoffeln gründlich waschen, mit Wasser bedeckt zum Kochen bringen, zugedeckt in 20–25 Minuten gar kochen. Kartoffeln abgießen, mit kaltem Wasser abschrecken, abtropfen lassen, sofort pellen und lauwarm abkühlen lassen. Kartoffeln in Scheiben schneiden und in eine große Schüssel geben.

2 Chilischoten abspülen und trockentupfen. Chilischoten längs halbieren, entkernen und in kleine Würfel schneiden. Frühlingszwiebeln putzen, waschen, abtropfen lassen und in dünne Scheiben schneiden. Minze und Petersilie abspülen und trockentupfen. Die Blättchen von den Stängeln zupfen (einige Blättchen beiseite legen). Blättchen in Streifen schneiden.

3 Sardellenfilets kurz unter fließendem kalten Wasser abspülen und trockentupfen. Sardellenfilets sehr klein schneiden oder hacken.

4 Chorizo-Wurst in kleine Würfel schneiden (bei einer dünnen Wurst Scheiben schneiden, einige Wurstwürfel oder -scheiben zum Garnieren beiseite legen). Etwas von dem Olivenöl in einer Pfanne erhitzen. Wurstwürfel oder -scheiben von beiden Seiten darin anbraten, herausnehmen und erkalten lassen.

5 Chiliwürfel, Frühlingszwiebelscheiben und Wurstwürfel oder -scheiben zu den Kartoffelscheiben geben und untermischen.

6 Ajwar mit Essig verrühren, restliches Olivenöl unterschlagen. Sardellenstückchen, Minze- und Petersilienstreifen unterrühren. Mit Salz und Pfeffer abschmecken.

7 Die Marinade zu den Salatzutaten geben und untermengen. Den Salat etwa 1 Stunde kalt stellen und durchziehen lassen.

8 Den Salat mit den beiseite gelegten Wurstwürfeln oder -scheiben und Minzeblättchen garniert servieren.

Tipp:
Den Salat als Vorspeise oder als Beilage zu Grillgerichten servieren.

Pennesalat mit Meeresfrüchten

4 Portionen
Zubereitungszeit: 50 Min., ohne Auftauzeit

Pro Portion:
E: 26 g, F: 12 g, Kh: 76 g, kJ: 2206, kcal: 527

Zum Vorbereiten:
- **320 g gemischte TK-Meeresfrüchte**

- **3 l Wasser**
- **3 gestr. TL Salz**
- **400 g Penne-Nudeln (Röhrennudeln)**

- **3 Fleischtomaten (etwa 450 g)**
- **1 Bund glatte Petersilie**
- **1 kleines Bund Minze**

Für die Marinade:
- **Saft von 1 Limette**
- **Salz**
- **frisch gemahlener Pfeffer**
- **3 EL Olivenöl**

1 Zum Vorbereiten Meeresfrüchte nach Packungsanleitung auftauen lassen.

2 Wasser in einem großen Topf mit geschlossenem Deckel zum Kochen bringen. Dann Salz und Nudeln zugeben. Die Nudeln im geöffneten Topf bei mittlerer Hitze nach Packungsanleitung kochen lassen, dabei 4–5-mal umrühren.

3 Anschließend die Nudeln in ein Sieb geben, mit heißem Wasser abspülen und abtropfen lassen.

4 Tomaten waschen, trockentupfen, vierteln, entkernen und die Stängelansätze herausschneiden. Tomatenviertel in Würfel schneiden.

5 Petersilie und Minze abspülen und trockentupfen. Einige Zweige zum Garnieren beiseite legen. Die Blättchen der Petersilie und Minze von den Stängeln zupfen. Blättchen klein schneiden.

6 Aufgetaute Meeresfrüchte in kochendem Salzwasser etwa 2 Minuten blanchieren, anschließend in ein Sieb geben, mit kaltem Wasser übergießen und abtropfen lassen.

7 Nudeln, Tomatenwürfel, Petersilie und Minze in eine große Schüssel geben.

8 Für die Marinade Limettensaft mit Salz und Pfeffer verrühren. Olivenöl unterschlagen. Die Marinade zu den Salatzutaten geben und untermischen.

9 Den Salat in einer Glasschüssel anrichten, mit den beiseite gelegten Petersilien- und Minzezweigen garniert servieren.

Tipp:
Der Salat kann auch mit anderen Nudelsorten zubereitet werden. Es eignen sich am besten kurze Nudelformen, z. B. Gabelspaghetti, Spiralnudeln oder Farfalle.

Nudelsalat mit grünem Spargel und Shrimps

4 Portionen
Zubereitungszeit: 40 Min., ohne Auftauzeit

Pro Portion:
E: 20 g, F: 10 g, Kh: 56 g, kJ: 1687, kcal: 403

- **175 g TK-Shrimps**

- **3 l Wasser**
- **3 gestr. TL Salz**
- **300 g Muschelnudeln**

- **250 g grüner Spargel**

Für die Sauce:
- **2 Zwiebeln**
- **3 EL Distelöl**
- **Salz**
- **frisch gemahlener Pfeffer**
- **1 Prise Zucker**
- **2 EL Zitronensaft**

- **12 Cocktailtomaten**
- **1 Bund Schnittlauch**

1 Shrimps nach Packungsanleitung auftauen lassen, kurz abspülen und trockentupfen.

2 Wasser in einem großen Topf mit geschlossenem Deckel zum Kochen bringen. Dann Salz und Nudeln zugeben. Die Nudeln im geöffneten Topf bei mittlerer Hitze nach Packungsanleitung kochen lassen, dabei 4–5-mal umrühren.

3 Anschließend die Nudeln in ein Sieb geben, mit heißem Wasser abspülen und abtropfen lassen.

4 Von dem Spargel das untere Drittel schälen und die Enden abschneiden. Spargel waschen, abtropfen lassen und in etwa 4 cm lange Stücke schneiden. Spargelstücke in kochendem Salzwasser etwa 5 Minuten garen. Spargelstücke in einem Sieb abtropfen lassen und die Flüssigkeit dabei auffangen. Spargelstücke mit kaltem Wasser übergießen und abtropfen lassen. Shrimps mit den Spargelstücken und Nudeln in einer Schüssel mischen.

5 Für die Sauce Zwiebeln abziehen, in kleine Würfel schneiden. Distelöl in einem Topf erhitzen. Zwiebelwürfel darin andünsten. Etwas Spargelflüssigkeit hinzugießen. Mit Salz, Pfeffer, Zucker und Zitronensaft abschmecken.

6 Die Sauce zu den Salatzutaten geben und gut untermischen. Den Salat auf Tellern anrichten. Tomaten abspülen, trockentupfen, halbieren und die Stängelansätze entfernen. Schnittlauch abspülen, trockentupfen und in kleine Röllchen schneiden.

7 Den Salat mit Tomatenhälften und Schnittlauchröllchen garniert servieren.

Salat von asiatischen Weizennudeln

6 Portionen
Zubereitungszeit: 50 Min., ohne Abkühl- und Durchziehzeit

Pro Portion:
E: 31 g, F: 32 g, Kh: 82 g, kJ: 3106, kcal: 738

- **5 l Wasser**
- **5 gestr. TL Salz**
- **600 g asiatische Weizennudeln (erhältlich in Asialäden)**

- **500 g Tunfischfilet**
- **5 EL Speiseöl**
- **2 Bund (etwa 500 g) Frühlingszwiebeln**
- **1 Bund Knoblauch-Schnittlauch**
- **200 g Shiitake-Pilze**

Für die Marinade:
- **5 EL Sojasauce**
- **Salz**
- **frisch gemahlener Pfeffer**
- **6 EL Sesamöl oder Speiseöl**

Zum Bestreuen:
- **1 TL rosa Pfefferbeeren**

1 Wasser in einem großen Topf mit geschlossenem Deckel zum Kochen bringen. Dann Salz und Nudeln zugeben. Die Nudeln im geöffneten Topf bei mittlerer Hitze nach Packungsanleitung kochen lassen, dabei 4–5-mal umrühren.

2 Anschließend die Nudeln in ein Sieb geben, mit heißem Wasser abspülen und abtropfen lassen.

3 Tunfisch abspülen und trockentupfen, evtl. Gräten entfernen. Tunfisch in kleine Stücke schneiden. Drei Esslöffel des Speiseöls in einer Pfanne erhitzen. Tunfischstücke von allen Seiten darin anbraten und in der Pfanne erkalten lassen.

4 Frühlingszwiebeln putzen, waschen, abtropfen lassen, zuerst in Scheiben schneiden, dann evtl. in Ringe teilen. Schnittlauch abspülen, trockentupfen (einige Halme zum Garnieren beiseite legen und in Röllchen schneiden. Pilze putzen, mit Küchenpapier abreiben, evtl. kurz abspülen und trockentupfen. Pilze achteln. Restliches Speiseöl in einer Pfanne erhitzen. Pilzstücke darin anbraten. Die vorbereiteten Salatzutaten in einer Schüssel mischen.

5 Für die Marinade Sojasauce mit Salz und Pfeffer verrühren. Sesam- oder Speiseöl unterschlagen. Die Salatzutaten mit der Marinade übergießen und vermengen. Den Salat kalt gestellt etwa 1 Stunde durchziehen lassen.

6 Den Salat nochmals mit den Gewürzen abschmecken. Mit Pfefferbeeren bestreuen und mit den beiseite gelegten Schnittlauchhalmen garniert servieren.

Brokkoli-Lachs-Salat

6 Portionen
Zubereitungszeit: 50 Min., ohne Durchziehzeit

Pro Portion:
E: 34 g, F: 28 g, Kh: 44 g, kJ: 2393, kcal: 571

- **1 kg Brokkoli**
- **5–6 mittelgroße Möhren**

- **3 l Wasser**
- **3 gestr. TL Salz**
- **etwas Kurkuma (Gelbwurz)**
- **300 g schmale Bandnudeln**

- **3 Stück (je 150 g) Stremel-Lachs (geräuchertes Lachsfilet)**

Für die Marinade:

- **2–3 EL heller Balsamico-Essig**
- **Salz**
- **frisch gemahlener Pfeffer**
- **etwas Zucker**
- **½ gestr. TL mittelscharfer Senf**
- **5 EL Speiseöl**

Für die Sauce:

- **4 EL Salatmayonnaise (50 % Fett)**
- **300 g Naturjoghurt**
- **4 hart gekochte Eier**
- **100 g gekochter Schinken**
- **2 EL Schnittlauchröllchen**
- **Salz**
- **frisch gemahlener Pfeffer**
- **Zucker**
- **etwas Senf**

1 Von dem Brokkoli die schlechten Blätter entfernen. Brokkoli waschen, abtropfen lassen und in Röschen teilen. Möhren putzen, schälen, waschen, abtropfen lassen und in Scheiben schneiden. Brokkoliröschen und Möhrenscheiben in kochendem Salzwasser etwa 8 Minuten bissfest garen. Anschließend in ein Sieb geben, mit kaltem Wasser übergießen und abtropfen lassen.

2 Wasser in einem großen Topf mit geschlossenem Deckel zum Kochen bringen. Dann Salz, Kurkuma und Nudeln zugeben. Die Nudeln im geöffneten Topf bei mittlerer Hitze nach Packungsanleitung kochen lassen, dabei 4-5-mal umrühren.

3 Anschließend die Nudeln in ein Sieb geben, mit heißem Wasser abspülen und abtropfen lassen.

4 Lachs in mundgerechte Streifen oder Stücke schneiden, die Haut dabei entfernen.

5 Für die Marinade Essig mit Salz, Pfeffer, Zucker und Senf in einer Schale verrühren. Speiseöl unterschlagen. Brokkoliröschen und Möhrenscheiben hineingeben und etwa 30 Minuten durchziehen lassen.

6 Für die Sauce Mayonnaise und Joghurt verrühren. Eier pellen, mit Schinken in feine Würfel schneiden und hinzugeben. Schnittlauchröllchen unterheben. Die Sauce mit Salz, Pfeffer, Zucker und Senf würzen.

7 Bandnudeln in eine große Schüssel geben, mariniertes Gemüse darauf verteilen. Mit Lachsstreifen oder -stücken belegen. Die Sauce in Klecksen darauf verteilen.

Bunter Tunfisch-Nudel-Salat

4 Portionen
Zubereitungszeit: 30 Min., ohne Durchziehzeit

Pro Portion:
E: 21 g, F: 17 g, Kh: 62 g, kJ: 2046, kcal: 489

- **3 l Wasser**
- **3 gestr. TL Salz**
- **300 g Nudeln (z. B. Spirelli, Penne)**

Für die Sauce:

- **1 Knoblauchzehe**
- **3 EL Weißweinessig**
- **Salz**
- **1 Prise Zucker**
- **frisch gemahlener Pfeffer**
- **1 TL milder Senf**
- **2 EL Speiseöl**

- **1 Dose Tunfisch in Öl (Abtropfgewicht 135 g)**
- **1 Dose gemischtes Gemüse (Erbsen, Möhren, Mais, Abtropfgewicht 280 g)**
- **1 rote Paprikaschote**
- **2 Frühlingszwiebeln**
- **200 g Naturjoghurt**
- **evtl. 2–3 EL heiße Gemüsebrühe**

1 Wasser in einem großen Topf mit geschlossenem Deckel zum Kochen bringen. Dann Salz und Nudeln zugeben. Die Nudeln im geöffneten Topf bei mittlerer Hitze nach Packungsanleitung kochen lassen, dabei 4–5-mal umrühren.

2 Anschließend die Nudeln in ein Sieb geben, mit heißem Wasser abspülen und abtropfen lassen.

3 Für die Sauce Knoblauch abziehen und in kleine Würfel schneiden. Essig mit Salz, Zucker, Pfeffer und Senf verrühren. Speiseöl unterschlagen.

4 Die Nudeln in eine Schüssel geben, mit der Sauce vermengen und Nudeln gut durchziehen lassen.

5 Tunfisch gut abtropfen lassen und mit einer Gabel in Stücke zupfen. Gemüse in einem Sieb gut abtropfen lassen. Paprika halbieren, entstielen, entkernen und die weißen Scheidewände entfernen. Die Schote waschen, trockentupfen und in kleine Würfel schneiden. Frühlingszwiebeln putzen, waschen, abtropfen lassen und in dünne Scheiben schneiden.

6 Joghurt zu den Nudeln geben und unterrühren. Vorbereitetes Gemüse und Tunfisch mit den Nudeln vermengen. Salat nochmals etwa 20 Minuten durchziehen lassen.

7 Den Salat nochmals mit Salz und Pfeffer abschmecken. Sollte die Sauce zu fest geworden sein, etwas Gemüsebrühe unter den Salat rühren.

Tipp:
Lecker schmeckt der Salat auch mit feinen Kochschinkenstreifen anstelle von Tunfisch.

Diese Rezepte überzeugen nicht nur Vegetarier.

Vegetarisch

Kartoffelsalat mit Oliven in einer Tapenade (Dressing)

4–6 Portionen
Zubereitungszeit: 40 Min., ohne Abkühl- und Durchziehzeit

Pro Portion:
E: 6 g, F: 43 g, Kh: 23 g, kJ: 2136, kcal: 510

- **700 g kleine fest kochende Kartoffeln**
- **je 1 Glas grüne und schwarze Oliven ohne Stein (Abtropfgewicht je 170 g)**
- **1 Bund Basilikum**

Für die Tapenade:

- **200 g gemischte Oliven ohne Stein**
- **1 Glas Sardellenfilets (Fischeinwaage 40 g)**
- **4 EL Balsamico-Essig**
- **8 EL Olivenöl**
- **Knoblauchpulver**
- **frisch gemahlener Pfeffer**

1 Kartoffeln gründlich waschen, mit Wasser bedeckt zum Kochen bringen, zugedeckt in 20–25 Minuten gar kochen. Kartoffeln abgießen, mit kaltem Wasser abschrecken, abtropfen lassen, sofort pellen und lauwarm abkühlen lassen. Kartoffeln in Scheiben oder Würfel schneiden und in eine große Schüssel geben.

2 Oliven in einem Sieb abtropfen lassen und zu den Kartoffelscheiben geben. Basilikum abspülen und trockentupfen. Die Blättchen von den Stängeln zupfen. Blättchen beiseite legen.

3 Für die Tapenade Oliven halbieren und Sardellen klein schneiden. Die beiden Zutaten in einem hohen Rührbecher mit einem Mixstab pürieren. Essig hinzufügen.

(Fortsetzung Seite 154)

Olivenöl unterschlagen. Mit Knoblauch und Pfeffer abschmecken. Die Tapenade unter die Salatzutaten heben. Den Salat 1–2 Stunden kalt stellen und durchziehen lassen.

4 Den Salat vor dem Servieren nochmals vorsichtig umrühren, evtl. mit Knoblauch und Pfeffer nachwürzen und mit den beiseite gelegten Basilikumblättchen garniert servieren.

Beilage:
Manchego-Käsewürfel oder -scheiben.

Kartoffelsalat mit Gurken und Radieschen

4 Portionen
Zubereitungszeit: 20 Min., ohne Abkühl- und Durchziehzeit

Pro Portion:
E: 12 g, F: 12 g, Kh: 30 g, kJ: 1175, kcal: 280

- **800 g Kartoffeln**

Für die Marinade:
- **1 Zwiebel**
- **2 EL Speiseöl**
- **125 ml (1/8 l) Gemüsebrühe**
- **2 EL Weißweinessig**
- **frisch gemahlener Pfeffer**

- **200 g Essiggurken**
- **1 Bund Radieschen**
- **4 hart gekochte Eier**
- **2 EL frisch gehackte Kräuter, z. B. Kerbel, Petersilie, Schnittlauch**

1 Kartoffeln gründlich waschen, mit Wasser bedeckt zum Kochen bringen, zugedeckt in 20–25 Minuten gar kochen. Kartoffeln abgießen, mit kaltem Wasser abschrecken, abtropfen lassen, sofort pellen und lauwarm abkühlen lassen. Kartoffeln in Scheiben schneiden und in eine große Schüssel geben.

2 Für die Marinade Zwiebel abziehen und in kleine Würfel schneiden. Speiseöl in einem Topf erhitzen. Zwiebelwürfel darin glasig dünsten. Brühe und Essig hinzugießen, kurz aufkochen lassen. Mit Pfeffer würzen. Die Kartoffelscheiben mit der heißen Brühe übergießen und vorsichtig umrühren. Den Salat etwa 1 Stunde durchziehen lassen.

3 Gurken abtropfen lassen und in Würfel schneiden. Radieschen putzen, waschen, trockentupfen und in Scheiben schneiden.

4 Vor dem Servieren Gurkenwürfel und Radieschenscheiben unter den Salat heben. Eier pellen und in Scheiben schneiden. Den Salat mit Kräutern bestreuen und mit den Eierscheiben garniert servieren.

Scharfer Kartoffelsalat

4–6 Portionen
Zubereitungszeit: 55 Min., ohne Abkühl- und Durchziehzeit

Pro Portion:
E: 4 g, F: 13 g, Kh: 22 g, kJ: 951, kcal: 227

- **700 g kleine fest kochende Kartoffeln**
- **1 kleiner Rettich (etwa 400 g)**
- **1 kleine Salatgurke (etwa 400 g)**
- **1 Bund Radieschen (etwa 250 g)**
- **Salz**

- **100 ml heiße Gemüsebrühe**
- **3 EL Weißweinessig**
- **6 EL Sesam- oder Speiseöl**
- **1 EL geriebener Meerrettich (aus dem Glas)**
- **1 EL Sojasauce**
- **frisch gemahlener Pfeffer**
- **1 Kästchen Shisoblätter (rote Kressekeimlinge)**

1 Kartoffeln gründlich waschen, mit Wasser bedeckt zum Kochen bringen, zugedeckt in 20–25 Minuten gar kochen. Kartoffeln abgießen, mit kaltem Wasser abschrecken, abtropfen lassen, sofort pellen und lauwarm abkühlen lassen. Kartoffeln in Scheiben schneiden und in eine große Schüssel geben.

2 Rettich schälen, abspülen, trockentupfen und halbieren. Rettichhälften mit einem Gemüsehobel hobeln. Gurke waschen, trockentupfen, längs halbieren, entkernen und in dünne Scheiben schneiden. Radieschen putzen, waschen, trockentupfen und in Scheiben schneiden. Die vorbereiteten Gemüsezutaten in eine Schüssel geben, mit Salz bestreuen und etwa 30 Minuten durchziehen lassen.

3 Heiße Brühe mit Essig verrühren, Sesam- oder Speiseöl unterschlagen. Meerrettich und Sojasauce unterrühren. Mit Salz und Pfeffer abschmecken.

4 Salatzutaten evtl. in einem Sieb abtropfen lassen, zu den Kartoffelscheiben geben, mit der Marinade übergießen und vorsichtig umrühren. Den Salat etwa 1 Stunde kalt stellen und durchziehen lassen.

5 Kresse abspülen, trockentupfen und abschneiden. Den Salat mit Kresse bestreut servieren.

Beilage:
Gebackener oder gebratener Fisch, z. B. Scholle oder Rotbarsch.

Spargel-Kartoffel-Salat

4–6 Portionen
Zubereitungszeit: 50 Min.

Pro Portion:
E: 10 g, F: 26 g, Kh: 31 g,
kJ: 1700, kcal: 406

- **750 g kleine neue Kartoffeln**
- **800 g weißer Spargel**
- **250 ml (1/4 l) Wasser**
- **1 TL Salz**
- **1 TL Butter**
- **1 Prise Zucker**
- **100 g Zuckerschoten**
- **2 EL Weißweinessig**
- **180 ml heiße Gemüsebrühe**
- **frisch gemahlener Pfeffer**
- **1/2 Topf Kerbel**
- **1/2 TL scharfer Senf**
- **1–2 EL Zitronensaft**
- **100 ml Olivenöl**

- **einige Cocktailtomaten**

1 Kartoffeln gründlich waschen, mit Wasser bedeckt zum Kochen bringen und in 15–20 Minuten gar kochen. Kartoffeln abgießen, mit kaltem Wasser abschrecken, abtropfen lassen, sofort pellen und in Scheiben schneiden.

2 Den Spargel von oben nach unten schälen, darauf achten, dass die Schalen vollständig entfernt, die Köpfe aber nicht verletzt werden. Die unteren Enden abschneiden (holzige Stellen vollkommen entfernen). Den Spargel waschen, abtropfen lassen und in Stücke schneiden.

3 Wasser mit Salz, Butter und Zucker in einem großen Topf zum Kochen bringen. Spargelstücke hinzufügen, zum Kochen bringen und zugedeckt in etwa 10 Minuten bissfest garen.

4 Von den Zuckerschoten die Enden abschneiden, die Schoten evtl. abfädeln. Zuckerschoten waschen, abtropfen lassen und etwa 2 Minuten vor Beendigung der Garzeit zu den Spargelstücken geben. Zuckerschoten und Spargelstücke in einem Sieb gut abtropfen lassen und in eine Schüssel geben. Essig mit Brühe und Pfeffer verrühren, zu den noch warmen Zuckerschoten und Spargelstücken geben und unterrühren.

5 Kerbel abspülen und trockentupfen. Die Blättchen von den Stängeln zupfen. Kerbelblättchen (einige Blättchen beiseite legen) mit Salz, Pfeffer, Senf, Zitronensaft und Olivenöl in einen Rührbecher geben und mit einem Mixstab fein pürieren.

6 Die Kerbelsauce zu den vorbereiteten Salatzutaten geben und vorsichtig untermischen.

7 Tomaten waschen, trockentupfen, halbieren, entkernen und die Stängelansätze herausschneiden. Den Spargel-Kartoffel-Salat mit den beiseite gelegten Kerbelblättchen und Tomatenhälften garniert servieren.

Tipp:
Sie könnnen zusätzlich 50 g geräucherten Frühstücksspeck in kleine Würfel schneiden, in einer Pfanne knusprig braten und die Speckwürfel auf dem Salat verteilen.

Gärtnerinsalat (Kartoffel-Gemüse-Salat)

4–6 Portionen
Zubereitungszeit: 50 Min., ohne Abkühl- und Durchziehzeit

Pro Portion:
E: 6 g, F: 20 g, Kh: 20 g, kJ: 1208, kcal: 288

- **500 g kleine fest kochende Kartoffeln**
- **4 dicke Möhren (etwa 400 g)**
- **½ Knollensellerie (etwa 400 g)**
- **1 Stange Porree (Lauch, etwa 250 g)**

Für die Marinade:

- **1 Bund Bärlauch oder ½ Bund Knoblauch-Schnittlauch**
- **200 ml Gemüsebrühe**
- **4 EL weißer Balsamico-Essig oder Kräuteressig**
- **Salz**
- **frisch gemahlener Pfeffer**
- **8 EL Speiseöl**

- **40 g Sonnenblumenkerne**

1 Kartoffeln gründlich waschen, mit Wasser bedeckt zum Kochen bringen, zugedeckt in 20–25 Minuten gar kochen. Kartoffeln abgießen, mit kaltem Wasser abschrecken, abtropfen lassen, sofort pellen und lauwarm abkühlen lassen. Kartoffeln in Scheiben schneiden und in eine große Schüssel geben.

2 Möhren und Sellerie putzen, schälen, waschen, abtropfen lassen. Porree putzen, die Stange längs halbieren, Porree waschen, abtropfen lassen. Möhren und Sellerie in Scheiben, Porree in Stücke schneiden und in kochendem Salzwasser blanchieren (Möhren- und Selleriescheiben etwa 5 Minuten, Porreestücke höchstens 1 Minute). Anschließend in ein Sieb geben, mit kaltem Wasser übergießen, abtropfen lassen, zu den Kartoffelscheiben geben und mischen.

3 Für die Marinade Bärlauch oder Knoblauch-Schnittlauch waschen, trockentupfen und klein schneiden. Brühe mit Essig, Salz und Pfeffer in einem kleinen Topf verrühren und erhitzen, Speiseöl unterschlagen. Bärlauch oder Knoblauch-Schnittlauch unterrühren.

4 Die heiße Marinade zu den Kartoffel- und Gemüsescheiben geben und vorsichtig unterheben. Den Salat einige Stunden kalt stellen und durchziehen lassen.

5 Den Salat mit Sonnenblumenkernen bestreut servieren.

Indianersalat

8 Portionen
Zubereitungszeit: 60 Min., ohne Durchziehzeit

Pro Portion:
E: 5 g, F: 30 g, Kh: 39 g, kJ: 1913, kcal: 457

- **1 kg gekochte Pellkartoffeln, vom Vortag**
- **500 g Tomaten**
- **1 vorbereitete frische Ananas (Fruchtfleisch etwa 400 g)**
- **4 Bananen**
- **Saft von 2 Zitronen**

Für die Salatsauce:

- **400 g Salatmayonnaise**
- **2 Becher (je 150 g) saure Sahne**
- **3–4 EL Zitronensaft**
- **3 TL mittelscharfer Senf**
- **Salz, Pfeffer**
- **1 TL Paprikapulver edelsüß**
- **1 Prise Zucker**

1 Kartoffeln pellen und in Würfel schneiden. Tomaten waschen, kreuzweise einschneiden und einige Sekunden in kochendes Wasser legen. Tomaten kurz in kaltem Wasser abschrecken, enthäuten, halbieren, entkernen und Stängelansätze entfernen. Tomatenhälften in Würfel schneiden.

2 Ananas schälen und ebenfalls in Würfel schneiden. Bananen schälen und in Scheiben schneiden. Bananenscheiben mit Zitronensaft beträufeln. Die vorbereiteten Salatzutaten in eine Schüssel geben und vorsichtig vermengen.

3 Für die Salatsauce Mayonnaise mit saurer Sahne, Zitronensaft und Senf verrühren. Mit Salz, Pfeffer, Paprika und Zucker abschmecken. Die Sauce zu den Salatzutaten geben und vorsichtig unterheben. Den Salat etwas durchziehen lassen und nochmals abschmecken.

Kartoffelsalat mit Gurkenschlange

6 Portionen
Zubereitungszeit: 50 Minuten, ohne Durchziehzeit

Pro Portion:
E: 10 g, F: 31 g, Kh: 23 g, kJ: 1731, kcal: 414

- **750 g gekochte Pellkartoffeln**
- **3 hart gekochte Eier**
- **1 kleine Zwiebel**
- **3 Gewürzgurken**

Für die Salatsauce:

- **200 g Salatmayonnaise (50 % Fett)**
- **1 Becher (150 g) Crème fraîche**
- **etwas Gurkenwasser (aus dem Glas)**
- **1 EL mittelscharfer Senf**
- **Salz, Pfeffer**

Für die Gurkenschlange:

- **1 Salatgurke**
- **1 Tomate**
- **3 Mini-Käse, z. B. Mini-Babybel**
- **1/4 vorbereitete rote Paprikaschote**
- **1 Olive (mit Paprika gefüllt)**

- **1/2 Bund Schnittlauch (in Röllchen geschnitten)**

(Fortsetzung Seite 164)

1 Kartoffeln pellen, in dünne Scheiben schneiden und in eine Schüssel geben. Eier pellen, in dünne Scheiben schneiden. Zwiebel abziehen, fein würfeln. Gurken ebenfalls in kleine Würfel schneiden. Eierscheiben, Zwiebel- und Gurkenwürfel zu den Kartoffelscheiben geben.

2 Für die Sauce Mayonnaise mit Crème fraîche, Gurkenwasser und Senf verrühren. Mit Salz und Pfeffer würzen. Die Sauce mit den Salatzutaten mischen, Salat kalt gestellt gut durchziehen lassen.

3 Für die Gurkenschlange Gurke waschen, trockentupfen, Enden abschneiden. Gurke flach auf eine Arbeitsfläche legen, mit einem spitzen Messer feine V-förmige Rillen längs von der Gurke abschneiden. Gurke bis auf etwa 10 cm für den Schlangenkopf in etwa 1/2 cm dicke Scheiben schneiden. Tomate waschen, trockentupfen, Stängelansatz entfernen. Tomate in 6 gleich große Scheiben schneiden. Käse jeweils in 2 Scheiben schneiden.

4 Zuerst 4–5 Gurkenscheiben auf eine längliche große Platte legen, dann je eine Tomaten- und eine Käsescheibe daran legen, wieder 4–5 Gurkenscheiben und je eine Tomaten-und eine Käsescheibe daran legen. So weiter verfahren, bis die ganzen Gurken-, Tomaten- und Käsescheiben aufgebraucht sind. Die „Schlange“ etwas schräg auseinander ziehen. Den „Schlangenkopf“ davor setzen.

5 Für die Augen 2 Scheiben von der Olive abschneiden und als Augen auf den Schlangenkopf legen. Aus der Paprika ein Stück in Form einer Zunge herausschneiden und mit einem Holzstäbchen am Schlangenkopf befestigen.

6 Den Kartoffelsalat mit Schnittlauchröllchen bestreuen und mit der Gurkenschlange servieren.

Kartoffelsalat mit Pesto

6 Portionen
Zubereitungszeit: 40 Min., ohne Abkühl- und Durchziehzeit

Pro Portion:
E: 9 g, F: 34 g, Kh: 24 g, kJ: 1815, kcal: 433

- **1 kg fest kochende Kartoffeln**

Für die Pestosauce:
- **2 Bund Basilikum**
- **4 Knoblauchzehen**
- **80 g geriebener Parmesan-Käse**
- **40 g gemahlene Walnusskerne**
- **1 TL Sherry medium**
- **150 ml Olivenöl**
- **1 gestr. TL Salz**
- **frisch gemahlener Pfeffer**

1 Kartoffeln gründlich waschen, mit Wasser bedeckt zum Kochen bringen, zugedeckt in 20–25 Minuten gar kochen. Kartoffeln abgießen, mit kaltem Wasser abschrecken, abtropfen lassen, sofort pellen und lauwarm abkühlen lassen. Kartoffeln in dünne Scheiben schneiden und in eine große Schüssel geben.

2 Für die Sauce Basilikum waschen und trockentupfen. Die Blättchen von den Stängeln zupfen. Blättchen fein hacken. Knoblauch abziehen, durch eine Knoblauchpresse drücken und mit Basilikum verrühren. Käse, Walnusskerne und Sherry hinzufügen. Nach und nach Olivenöl unterrühren. Mit Salz und Pfeffer abschmecken.

3 Die Kartoffelscheiben mit der Pestosauce vorsichtig mischen. Den Salat kalt gestellt etwa 2 Stunden durchziehen lassen. Nochmals mit Salz und Pfeffer abschmecken.

Tsatsiki-Kartoffelsalat

4 Portionen
Zubereitungszeit: 25 Min., ohne Abkühl-, Durchzieh- und Saftziehzeit

Pro Portion:
E: 10 g, F: 18 g, Kh: 28 g, kJ: 1333, kcal: 319

- **600 g fest kochende Kartoffeln**
- **250 g Tsatsiki (fertig gekauft)**
- **½ Salatgurke (etwa 300 g)**
- **Salz**
- **2 kleine Zwiebeln**
- **2–3 Knoblauchzehen**
- **etwa 15 entsteinte schwarze Oliven**
- **100 g Schafkäse**
- **frisch gemahlener Pfeffer**

1 Kartoffeln gründlich waschen, mit Wasser bedeckt zum Kochen bringen, zugedeckt in 20–25 Minuten gar kochen lassen. Kartoffeln abgießen, mit kaltem Wasser abschrecken, abtropfen lassen, sofort pellen und lauwarm abkühlen lassen. Kartoffeln in dünne Scheiben schneiden, in eine Schüssel geben, mit Tsatsiki vermengen und etwas durchziehen lassen.

2 Gurke waschen und abtrocknen. Gurke mit einer Haushaltsreibe grob raspeln, mit Salz bestreuen und etwa 15 Minuten stehen lassen.

3 Zwiebeln und Knoblauch abziehen, in Würfel schneiden und unter die Kartoffelscheiben heben. Oliven in Streifen und Schafkäse in Würfel schneiden.

4 Gurkenraspel gut ausdrücken, mit Olivenstreifen und Schafkäsewürfeln unter den Salat heben, mit Salz und Pfeffer abschmecken.

Tipp:
Wenn Sie kein gekauftes Tsatsiki verwenden möchten, können Sie die Zwiebel- und Knoblauchwürfel in 100 ml kochende, kräftige Gemüsebrühe geben und 2–3 Minuten kochen lassen. Dann die Brühe mit Knoblauch- und Zwiebelwürfeln über die vorbereiteten Kartoffelscheiben geben und etwas durchziehen lassen. Oliven, Schafkäse und gut ausgedrückte Gurkenraspel mit 150 g Naturjoghurt (oder halb Joghurt, halb Crème fraîche) unterrühren. Den Salat mit Salz und Pfeffer abschmecken.

Kartoffel-Gemüse-Salat süss-sauer

6–8 Portionen
Zubereitungszeit: 60 Min., ohne Durchziehzeit

Pro Portion:
E: 5 g, F: 2 g, Kh: 34 g, kJ: 780, kcal: 186

- **400 g Möhren**
- **700 g fest kochende Kartoffeln**
- **400 g Zucchini**
- **1 kleiner Staudensellerie**
- **800 g Fleischtomaten**
- **60 g Butter**
- **200 ml Gemüsebrühe**
- **1 Dose Ananasstücke (Abtropfgewicht 340 g)**

- **3–4 EL Mango-Chutney**
- **3–4 EL milder Essig, z. B. Kräuteressig**
- **2 gestr. TL gemahlener Kreuzkümmel (Cumin)**
- **Salz**
- **frisch gemahlener Pfeffer**
- **2 gestr. TL Currypulver**
- **1 gestr. TL Zucker**

1 Möhren putzen, schälen, waschen, abtropfen lassen und in Würfel schneiden. Kartoffeln gründlich waschen, schälen, abspülen, abtropfen lassen und ebenfalls würfeln.

2 Zucchini putzen und die Enden abschneiden. Zucchini waschen, trockentupfen und würfeln. Staudensellerie putzen und die harten Außenfäden abziehen. Sellerie in Streifen oder Würfel schneiden. Tomaten waschen, trockentupfen, vierteln, entkernen und die Stängelansätze herausschneiden. Tomaten in Stücke schneiden.

3 Butter in einem großen Topf zerlassen. Möhren- und Kartoffelwürfel darin andünsten. Brühe hinzugießen, zum Kochen bringen und etwa 10 Minuten dünsten lassen. Zucchiniwürfel und Staudenselleriestreifen oder -würfel hinzufügen. Die Zutaten wieder zum Kochen bringen und in etwa 5 Minuten bissfest garen. Gemüse in ein Sieb geben, gut abtropfen lassen, den Sud dabei auffangen und 4–5 Esslöffel davon abmessen.

4 Ananasstücke in einem Sieb gut abtropfen lassen und in kleine Stücke schneiden. Die Salatzutaten in eine große Schüssel geben.

5 Mango-Chutney mit Essig, 4–5 Esslöffeln Gemüsesud, Kreuzkümmel, Salz, Pfeffer, Curry und Zucker verrühren, mit den Tomatenstücken zu den Salatzutaten geben und unterheben. Den Salat etwa 60 Minuten durchziehen lassen.

6 Den Salat vor dem Servieren nochmals mit den Gewürzen abschmecken.

Siebenbürger Kartoffelsalat

6 Portionen
Zubereitungszeit: 55 Min., ohne Abkühl- und Durchziehzeit

Pro Portion:
E: 11 g, F: 10 g, Kh: 31 g, kJ: 1116, kcal: 266

- **1,2 kg gleich große fest kochende Kartoffeln**
- **100 ml Gemüsebrühe**

Für die Salatsauce:

- **4 hart gekochte Eier**
- **2 frische Eigelb**
- **200 g saure Sahne**
- **1 geh. TL mittelscharfer Senf**
- **Salz**
- **frisch gemahlener Pfeffer**
- **100 ml heiße Gemüsebrühe**
- **1 gestr. TL frisch gemahlener weißer Pfeffer**
- **1 EL klein geschnittene Estragonblättchen**
- **1 TL Thymian**
- **1 Bund glatte Petersilie**

- **1 säuerlicher Apfel**
- **2 mittelgroße Zwiebeln**

- **1 Kopfsalat**

1 Kartoffeln gründlich waschen, mit Wasser bedeckt zum Kochen bringen, zugedeckt in 20–25 Minuten gar kochen. Kartoffeln abgießen, mit kaltem Wasser abschrecken, abtropfen lassen, sofort pellen und lauwarm abkühlen lassen. Kartoffeln in Scheiben schneiden und in eine Schüssel geben. Heiße Brühe darüber gießen.

2 Für die Sauce Eier pellen, zuerst klein schneiden, dann durch ein Sieb streichen und in eine Schüssel geben. Eigelb, saure Sahne und Senf unterrühren. Mit Salz, Pfeffer, fein geschnittenen Estragonblättchen und Thymian würzen.

3 Petersilie abspülen und trockentupfen. Die Blättchen von den Stängeln zupfen. Blättchen fein schneiden und unter die Sauce rühren.

4 Apfel schälen, vierteln, entkernen und in dünne Scheiben schneiden. Zwiebeln abziehen und in Würfel schneiden.

5 Apfelscheiben, Zwiebeln und Kartoffelscheiben mit der Sauce vermengen. Den Salat kalt stellen und 2–3 Stunden durchziehen lassen.

6 Salat putzen und die äußeren schlechten Blätter entfernen. Blätter vom Strunk lösen, große Blätter evtl. etwas kleiner zupfen. Den Kartoffelsalat auf Salatblättern anrichten.

Tipp:
Der Salat bekommt durch die lange Durchziehzeit ein besonderes Aroma. Nur ganz frische Eier verwenden, die nicht älter als 5 Tage sind. (Legedatum beachten!)

Provenzalischer Salat von Kartoffeln

6 Portionen
Zubereitungszeit: 65 Min.

Pro Portion:
E: 5 g, F: 18 g, Kh: 22 g, kJ: 1159, kcal: 277

- **700 g kleine fest kochende Kartoffeln, z. B. Hansa**
- **500 g Staudensellerie**
- **je 2 gelbe und grüne Paprikaschoten (etwa 800 g)**
- **6 mittelgroße Tomaten (etwa 600 g)**
- **1 Glas grüne Oliven ohne Stein (Abtropfgewicht 170 g)**

- **8 EL Olivenöl**
- **4 EL Balsamico-Essig**
- **Salz**
- **frisch gemahlener Pfeffer**
- **Knoblauchpulver**

1 Kartoffeln gründlich waschen, mit Wasser bedeckt zum Kochen bringen, zugedeckt in 20–25 Minuten gar kochen. Kartoffeln abgießen, mit kaltem Wasser abschrecken, abtropfen lassen, sofort pellen und lauwarm abkühlen lassen. Kartoffeln in Scheiben schneiden und in eine große Schüssel geben.

2 Sellerie putzen und die harten Außenfäden abziehen. Sellerie waschen, abtropfen lassen und in dünne Scheiben schneiden. Paprika halbieren, entstielen, entkernen, die weißen Scheidewände entfernen. Die Schoten waschen, trockentupfen und in kleine Stücke schneiden. Tomaten waschen, trockentupfen, vierteln, entkernen und die Stängelansätze herausschneiden. Tomaten achteln. Oliven abtropfen lassen.

3 Etwas von dem Olivenöl in einer Pfanne erhitzen. Selleriescheiben und Paprikastücke bei schwacher Hitzen etwa 5 Minuten darin andünsten.

4 Selleriescheiben, Paprikastücke, Tomatenachtel und Oliven zu den Kartoffelscheiben geben und vorsichtig mischen.

5 Essig mit Salz, Pfeffer und Knoblauch verrühren. Restliches Olivenöl unterschlagen. Die Marinade über die Salatzutaten geben und vorsichtig unterheben.

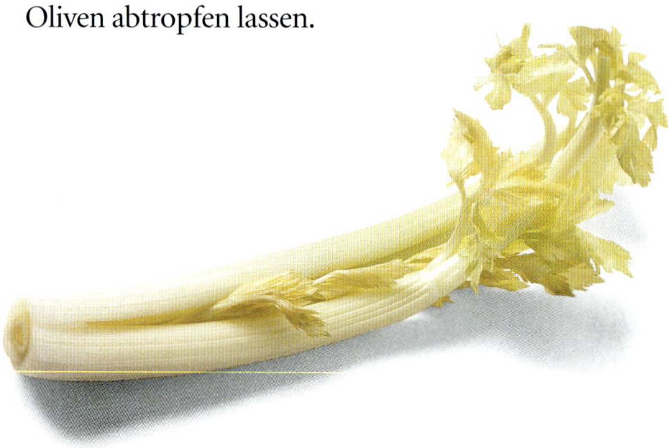

Beilage:
Gebratene Hähnchenschenkel.

Tipp:
Die Kartoffeln können auch ungepellt in Scheiben geschnitten werden.

Grüner Kartoffelsalat

6 Portionen
Zubereitungszeit: 45 Min., ohne Abkühl- und Durchziehzeit

Pro Portion:
E: 6 g, F: 4 g, Kh: 25 g, kJ: 695, kcal: 166

- **1 kg neue fest kochende Kartoffeln**
- **125 ml (1/8 l) Weißweinessig**
- **125 ml (1/8 l) Gemüsebrühe**
- **1 Prise Zucker**
- **Salz**
- **frisch gemahlener Pfeffer**
- **1 Zwiebel**
- **1 Bund Dill**
- **1 Bund Petersilie**
- **1 Zweig Zitronenmelisse**
- **5 Salbeiblättchen**
- **1 kleine Salatgurke**

- **1 Melissezweig**
- **1 hart gekochtes Ei**
- **150 g saure Sahne**

1 Kartoffeln gründlich waschen, mit Wasser bedeckt zum Kochen bringen, zugedeckt in etwa 20 Minuten gar kochen. Kartoffeln abgießen, mit kaltem Wasser abschrecken, abtropfen lassen, sofort pellen und in Scheiben schneiden. Kartoffelscheiben in eine Schüssel geben.

2 Essig mit Brühe, Zucker, Salz und Pfeffer in einem Topf zum Kochen bringen. Zwiebel abziehen, in kleine Würfel schneiden, hinzufügen und nochmals kurz aufkochen lassen.

3 Die Kartoffelscheiben mit der Marinade übergießen und vorsichtig unterheben. Die Flüssigkeit muss von den Kartoffeln aufgesaugt werden. Salat durchziehen lassen, dabei ab und zu vorsichtig durchheben.

4 Dill, Petersilie, Melisse und Salbei abspülen, trockentupfen. Von dem Dill die Spitzen von den Stängeln zupfen. Spitzen klein schneiden. Von der Petersilie und Melisse die Blättchen von den Stängeln zupfen. Petersilie-, Melisse- und Salbeiblättchen fein hacken.

5 Gurke schälen, längs halbieren und entkernen. Gurkenhälften in kleine Würfel schneiden, mit den Kräutern unter die Kartoffelscheiben mischen.

6 Melisse abspülen und trockentupfen. Ei pellen und halbieren.

7 Den Kartoffelsalat mit Melisse und Eihälften garnieren. Saure Sahne dazu reichen.

Gourmet-Salat von neuen Kartoffeln und jungen Gemüsen

6 Portionen
Zubereitungszeit: 45 Min., ohne Durchzieh- und Kühlzeit

Pro Portion:
E: 6 g, F: 14 g, Kh: 28 g, kJ: 1110, kcal: 265

- **700 g neue kleine fest kochende Kartoffeln**
- **300 g dünne grüne Spargelspitzen**
- **300 g junge Möhren mit Grün**
- **6 junge Artischocken oder Artischockenherzen (etwa 300 g)**
- **200 g Kaiserschoten**
- **200 g Cocktailtomaten**
- **1 Bund Frühlingszwiebeln**

Für die Kerbel-Vinaigrette:

- **1 Bund Kerbel**
- **4 EL Himbeeressig**
- **2 EL Balsamico-Essig**
- **8 EL Olivenöl**
- **Salz**
- **frisch gemahlener Pfeffer**

1 Kartoffeln gründlich waschen, mit Wasser bedeckt zum Kochen bringen, zugedeckt in 20–25 Minuten gar kochen. Kartoffeln abgießen, mit kaltem Wasser abschrecken und abtropfen lassen.

2 Von dem Spargel die unteren, evtl. trockenen Enden abschneiden. Möhren putzen, schälen und das Grün bis auf 1–2 cm abschneiden. Artischocken halbieren und Stiele abschneiden. Von den Kaiserschoten die Enden abschneiden, evtl. abfädeln. Von den Tomaten die Stängelansätze entfernen und die Haut mit einem scharfen Messer einritzen. Frühlingszwiebeln putzen.

3 Das vorbereitete Gemüse abspülen und nacheinander im kochenden Salzwasser blanchieren. Artischocken oder -herzen etwa 15 Minuten, Möhren mit Grün etwa 10 Minuten, Spargel etwa 8 Minuten, Kaiserschoten etwa 5 Minuten, Frühlingszwiebeln 2–3 Minuten, Tomaten nur 3–5 Sekunden. Das blanchierte Gemüse in ein Sieb geben, mit kaltem Wasser übergießen und abtropfen lassen. Von den Tomaten die Haut abziehen. Die vorbereiteten Salatzutaten in eine große Schüssel geben und vorsichtig mischen.

4 Für die Vinaigrette Kerbel abspülen und trockentupfen. Die Blättchen von den Stängeln zupfen. Blättchen klein schneiden. Essig mit Olivenöl verschlagen. Kerbel unterrühren. Mit Salz und Pfeffer abschmecken. Die Salatzutaten mit der Vinaigrette übergießen. Den Salat 1–2 Stunden kalt stellen und durchziehen lassen, dabei ab und zu vorsichtig umrühren.

Tipp:
Den Salat als vegetarisches Hauptgericht oder zu geräuchertem Fisch, z. B. Lachs oder gedünsteten Seezungenröllchen reichen.

Kartoffel-Käse-Salat

6 Portionen
Zubereitungszeit: 45 Min., ohne Durchziehzeit

Pro Portion:
E: 23 g, F: 18 g, Kh: 37 g, kJ: 1714, kcal: 410

- **750 g fest kochende Kartoffeln**
- **2 Zwiebeln**
- **2 EL Weißweinessig**
- **250 ml (1/4 l) Gemüsebrühe**
- **Salzwasser**
- **150 g TK-Erbsen**
- **1 Bund Radieschen**
- **200 g Emmentaler-Käse**

Für die Salatsauce:

- **75 g Joghurt-Salatcreme**
- **150 g Magermilchjoghurt**
- **1 TL scharfer Senf**
- **1/2 gestr. TL Currypulver**
- **Salz**
- **frisch gemahlener Pfeffer**
- **1 Prise Zucker**

1 Kartoffeln gründlich waschen, mit Wasser bedeckt zum Kochen bringen, in 20–25 Minuten gar kochen. Kartoffeln abgießen, mit kaltem Wasser abschrecken, abtropfen lassen und sofort pellen. Kartoffeln in Scheiben schneiden und in eine Schüssel geben.

2 Zwiebeln abziehen, in kleine Würfel schneiden. Essig mit Gemüsebrühe in einem Topf zum Kochen bringen. Zwiebelwürfel hinzufügen und etwa 1 Minute kochen lassen. Kartoffelscheiben damit übergießen und etwa 30 Minuten durchziehen lassen.

3 Erbsen in wenig kochendem Salzwasser etwa 2 Minuten blanchieren. Erbsen in ein Sieb geben, mit eiskaltem Wasser übergießen und abtropfen lassen.

4 Radieschen putzen, waschen, trockentupfen und in feine Streifen schneiden. Käse in Würfel schneiden.

5 Für die Sauce Salatcreme mit Joghurt, Senf und Curry verrühren, mit Salz, Pfeffer und Zucker würzen.

6 Kartoffelscheiben mit Erbsen, Radieschenstreifen und Käsewürfeln mischen. Salatsauce untermengen.

Abwandlung (Foto):
Sie können den Kartoffel-Käse-Salat auch mit einer Vinaigrette zubereiten. Dafür 4 Teelöffel Weißweinessig mit 1 Teelöffel mittelscharfem Senf verrühren. 6 Esslöffel Olivenöl unterschlagen, 2 Esslöffel Wasser hinzufügen. Mit Salz, Pfeffer und etwas Zucker pikant abschmecken.
Die Vinaigrette mit den vorbereiteten Salatzutaten vermengen. Den Salat gut durchziehen lassen. Mit Sonnenblumenkernen bestreuen.

Penne-Salat mit Kräuterpesto

6 Portionen
Zubereitungszeit. 60 Min., ohne Auftau- und Durchziehzeit

Pro Portion:
E: 18 g, F: 39 g, Kh: 66 g, kJ: 2893, kcal: 691

- **5 l Wasser**
- **5 gestr. TL Salz**
- **500 g Penne-Nudeln (Röhrennudeln)**

- **je 400 g Blumenkohl-, Brokkoli- und Romanesco-Röschen**
- **200 g Cocktailtomaten**

Für das Kräuterpesto:
- **2 Pck. TK-Kräuter der Provence**
- **2 EL weißer Balsamico-Essig oder Weißweinessig**
- **Salz**
- **frisch gemahlener Pfeffer**
- **3 Knoblauchzehen**
- **200 ml Olivenöl**

- **50 g Sonnenblumenkerne**

1 Wasser in einem großen Topf mit geschlossenem Deckel zum Kochen bringen. Dann Salz und Nudeln zugeben. Die Nudeln im geöffneten Topf bei mittlerer Hitze nach Packungsanleitung kochen lassen, dabei 4–5-mal umrühren.

2 Anschließend die Nudeln in ein Sieb geben, mit heißem Wasser abspülen und abtropfen lassen.

3 Blumenkohl. Brokkoli und Romanesco putzen, in Röschen teilen. Die Röschen waschen, abtropfen lassen, in mundgerechte Stücke schneiden und getrennt in kochendem Salzwasser garen. Blumenkohl etwa 10 Minuten, Brokkoli und Romanesco etwa 8 Minuten.

4 Das Gemüse in ein Sieb geben, mit eiskaltem Wasser übergießen und abtropfen lassen. Tomaten waschen, kreuzweise einschneiden und einige Sekunden in kochendes Wasser legen. Tomaten kurz in kaltem Wasser abschrecken, enthäuten und evtl. Stängelansätze entfernen. Nudeln, Blumenkohl-, Brokkoli-, Romanescostücke und Tomaten in einer Schüssel vorsichtig mischen.

5 Für das Pesto Kräuter der Provence nach Packungsanleitung auftauen lassen und in eine Schüssel geben. Essig, Salz und Pfeffer unterrühren. Knoblauch abziehen, in kleine Würfel schneiden und hinzufügen. Olivenöl unterschlagen. Pesto mit den Salatzutaten vermengen und kalt gestellt 1–2 Stunden durchziehen lassen, dabei gelegentlich umrühren.

6 Sonnenblumenkerne in einer beschichteten Pfanne ohne Fett unter Wenden anrösten und auf einem Teller erkalten lassen.

7 Den Salat nochmals mit den Gewürzen abschmecken und mit Sonnenblumenkernen bestreut servieren.

Koreanischer Weizennudel-Salat

4–6 Portionen
Zubereitungszeit: 45 Min., ohne Durchzieh- und Kühlzeit

Pro Portion:
E: 23 g, F: 15 g, Kh: 99 g, kJ: 2540, kcal: 606

- **5 l Wasser**
- **5 gestr. TL Salz**
- **500 g Weizennudeln (schmale Bandnudeln)**

- **500 g konservierte Bambussprossen in Streifen geschnitten oder junge Bambusherzen**

- **100 g Mu-Err-Pilze**
- **120 g Cashewkerne**
- **1 kleine Flasche (175 ml) asiatische süß-saure Chilisauce**
- **1 gestr. EL geriebener Meerrettich aus dem Glas**

- **1 milde grüne Chilischote**
- **1 Kästchen rote Shiso-Kresse**
- **frisch gemahlener bunter Pfeffer**

1 Wasser in einem großen Topf mit geschlossenem Deckel zum Kochen bringen. Dann Salz und Nudeln zugeben. Die Nudeln im geöffneten Topf bei mittlerer Hitze nach Packungsanleitung kochen lassen, dabei 4–5-mal umrühren.

2 Anschließend die Nudeln in ein Sieb geben, mit heißem Wasser abspülen und abtropfen lassen. Bambusherzen in einem Sieb abtropfen lassen und in Stücke schneiden oder Bambussprossen in einem Sieb abtropfen lassen. Mu-Err-Pilze in kaltem Wasser einweichen.

3 Cashewkerne in einer beschichteten Pfanne ohne Fett hellbraun rösten und auf einem Teller erkalten lassen. Mu-Err-Pilze abtropfen lassen und klein schneiden.

4 Die vorbereiteten Salatzutaten in einer Schüssel mischen. Chilisauce mit Meerrettich verrühren, zu dem Salat geben und untermengen. Den Salat etwa 1 Stunde kalt stellen und durchziehen lassen.

5 Chilischote abspülen, trockentupfen, längs halbieren, entkernen. Chilihälften in kleine Würfel schneiden. Kresse abspülen, trockentupfen und abschneiden.

6 Den Salat nochmals abschmecken, in einer Glasschüssel anrichten, mit Chiliwürfeln und Kresse garnieren, mit Pfeffer bestreuen.

Tipp:
Servieren Sie den Salat zu Geflügel- oder Schweinemedaillons, die auf Zitronengras aufgespießt sind.

Nudelsalat mit Gemüse

6 Portionen
Zubereitungszeit: 40 Min., ohne Abkühl- und Durchziehzeit

Pro Portion:
E: 10 g, F: 16 g, Kh: 45 g, kJ: 1531, kcal: 366

- **3 l Wasser**
- **3 gestr. TL Salz**
- **350 g Penne-Nudeln (Röhrennudeln)**

- **1 kleine Zucchini (etwa 200 g)**
- **200 g Brokkoli**
- **1 Dose Pfifferlinge (Abtropfgewicht 170 g)**
- **2 Zwiebeln**
- **3 EL Olivenöl**
- **3 Tomaten**

Für die Sauce:
- **4 EL Balsamico-Essig**
- **Salz**
- **frisch gemahlener Pfeffer**
- **2 abgezogene, durchgepresste Knoblauchzehen**
- **1–2 EL Salbeistreifen**
- **6 EL Walnuss- oder Olivenöl**

- **einige Salatblätter**

1 Wasser in einem großen Topf mit geschlossenem Deckel zum Kochen bringen. Dann Salz und Nudeln zugeben. Die Nudeln im geöffneten Topf bei mittlerer Hitze nach Packungsanleitung kochen lassen, dabei 4–5-mal umrühren.

2 Anschließend die Nudeln in ein Sieb geben, mit heißem Wasser abspülen und abtropfen lassen.

3 Von der Zucchini die Enden abschneiden. Zucchini waschen, trockentupfen und in kleine Würfel schneiden. Von dem Brokkoli die Blätter entfernen. Brokkoli waschen, abtropfen lassen und in sehr kleine Röschen teilen. Brokkoliröschen in kochendem Salzwasser etwa 6 Minuten bissfest garen. Anschließend in ein Sieb geben, mit kaltem Wasser übergießen und abtropfen lassen.

4 Pfifferlinge in einem Sieb abtropfen lassen. Zwiebeln abziehen und in kleine Würfel schneiden. Olivenöl in einem Topf erhitzen. Pfifferlinge und Zwiebelwürfel darin andünsten. Brokkoliröschen und Zucchiniwürfel hinzufügen, kurz durchschwenken. Gemüse etwas abkühlen lassen.

5 Tomaten waschen, trockentupfen und die Stängelansätze herausschneiden. Tomaten in Würfel schneiden. Das gedünstete Gemüse mit Nudeln und Tomatenwürfeln in einer Schüssel vermengen.

6 Für die Sauce Essig mit Salz, Pfeffer, Knoblauch und Salbeiblättchenstreifen verrühren, Walnuss- oder Olivenöl unterschlagen. Die Sauce auf dem Salat verteilen, den Salat etwa 30 Minuten durchziehen lassen. Vor dem Servieren mit Salz und Pfeffer abschmecken. Den Salat auf Salatblättern anrichten und servieren.

Salat von Gabelmakkaroni

4–6 Portionen
Zubereitungszeit: 40 Min., ohne Kühl- und Durchziehzeit

Pro Portion:
E: 18 g, F: 45 g, Kh: 82 g, kJ: 3366, kcal: 804

- **3 l Wasser**
- **3 gestr. TL Salz**
- **500 g Gabelmakkaroni**

- **1 kleiner Kopf Romanesco (etwa 800 g)**
- **400 g junge Maiskolben**
- **2 rote Paprikaschoten (etwa 400 g)**
- **1 Bund Basilikum**

Für die Mayonnaise:
- **2 Eigelb**
- **1 EL Kräutersenf**
- **2 EL Weißweinessig**
- **200 ml Olivenöl**
- **Salz**
- **frisch gemahlener Pfeffer**

1 Wasser in einem großen Topf mit geschlossenem Deckel zum Kochen bringen. Dann Salz und Nudeln zugeben. Die Nudeln im geöffneten Topf bei mittlerer Hitze nach Packungsanleitung kochen lassen, dabei 4–5-mal umrühren.

2 Anschließend die Nudeln in ein Sieb geben, mit heißem Wasser abspülen und abtropfen lassen.

3 Von dem Romanesco die äußeren Blätter entfernen. Romanesco in Röschen teilen und waschen. Salzwasser in einem Topf zum Kochen bringen. Romanescoröschen etwa 6 Minuten darin garen. Anschließend in ein Sieb geben, mit kaltem Wasser übergießen und abtropfen lassen.

4 Die Enden der Maiskolben abschneiden. Falls die Kolben zu lang sind, einmal quer halbieren. Paprika halbieren, entstielen, entkernen und die weißen Scheidewände entfernen. Die Schoten waschen, trockentupfen und in Würfel schneiden.

5 Maiskolben in kochendem Salzwasser etwa 10 Minuten garen. Nach etwa 5 Minuten Garzeit Paprikawürfel hinzufügen und mitgaren lassen. Anschließend in ein Sieb geben, mit kaltem Wasser übergießen und abtropfen lassen.

6 Basilikum abspülen und trockentupfen. Die Blättchen von den Stängeln zupfen. Blättchen klein schneiden.

7 Für die Mayonnaise Eigelb, Senf und Essig in einem hohen Rührbecher mit Handrührgerät mit Rührbesen gut verrühren. Olivenöl zunächst tropfenweise, dann in einem dünnen Strahl unter die Eigelbmasse rühren. Dabei soll eine Bindung entstehen. Die Mayonnaise mit Salz und Pfeffer abschmecken.

8 Die vorbereiteten Salatzutaten in einer Schüssel mischen, mit der Mayonnaise übergießen und vorsichtig untermengen. Den Salat kalt gestellt 1–2 Stunden durchziehen lassen. Vor dem Servieren nochmals mi[t] den Gewürzen abschmecken.

Tipp:
Für die Mayonnaise nur ganz frisches Eigelb verwenden, das nicht älter als 5 Tage ist (Legedatum beachten!).

Curry-Nudelsalat

4–6 Portionen
Zubereitungszeit: 45 Min., ohne Abkühl- und Durchziehzeit

Pro Portion:
E: 23 g, F: 25 g, Kh: 90 g, kJ: 2860, kcal: 686

- **4 l Wasser**
- **4 gestr. TL Salz**
- **500 g Gabelmakkaroni oder Gnocchetti Sardi (kleine längliche muschelähnliche Nudeln)**

- **1 kleine Dose Ananasscheiben (Abtropfgewicht 340 g)**
- **250 g Tofu**
- **3 EL Speiseöl**
- **je 1 rote und grüne Paprikaschote (etwa 500 g)**

Für die Currysauce:

- **1 Chilischote**
- **1 Topf Minze**
- **1 großer Becher (250 g) Crème fraîche**
- **etwas Ananassaft aus der Dose**
- **1 gestr. EL Currypulver**
- **Salz**
- **frisch gemahlener Pfeffer**

1 Wasser in einem großen Topf mit geschlossenem Deckel zum Kochen bringen. Dann Salz und Nudeln zugeben. Die Nudeln im geöffneten Topf bei mittlerer Hitze nach Packungsanleitung kochen lassen, dabei 4–5-mal umrühren.

2 Anschließend die Nudeln in ein Sieb geben, mit heißem Wasser abspülen und abtropfen lassen.

3 Ananasscheiben in einem Sieb abtropfen lassen und den Saft dabei auffangen. Tofu in Würfel schneiden. Speiseöl in einer Pfanne erhitzen. Tofuwürfel von allen Seiten leicht darin anbraten, herausnehmen und erkalten lassen.

4 Paprika halbieren, entstielen, entkernen und die weißen Scheidewände entfernen. Die Schoten waschen, abtropfen lassen und in Würfel schneiden. Paprikawürfel in kochendem Salzwasser etwa 2 Minuten blanchieren, anschließend in ein Sieb geben, mit eiskaltem Wasser übergießen und abtropfen lassen.

5 Für die Sauce Chilischote abspülen, trockentupfen, längs halbieren und entkernen. Chilihälften in kleine Würfel schneiden. Minze abspülen und trockentupfen (einige Zweige zum Garnieren beiseite legen). Die Blättchen von den Stängeln zupfen. Blättchen in Streifen schneiden.

6 Crème fraîche mit etwas Ananassaft verrühren. Mit Curry, Salz und Pfeffer würzen. Chiliwürfel und Minzestreifen unterrühren.

7 Nudeln mit Ananasstücken, Tofu- und Paprikawürfeln in einer Schüssel mischen. Currysauce unterheben. Den Salat kalt gestellt etwa 1 Stunde durchziehen lassen.

8 Den Salat vor dem Servieren nochmals mit den Gewürzen abschmecken und mit den beiseite gelegten Minzezweigen garniert servieren.

Nudelsalat „Florentiner Art“

4–6 Portionen
Zubereitungszeit: 40–50 Min.

Pro Portion:
E: 14 g, F: 15 g, Kh: 71 g,
kJ: 2007, kcal: 479

- **4 l Wasser**
- **4 gestr. TL Salz**
- **500 g grüne Bandnudeln**

- **200 g junger kleinblättriger italienischer Blattspinat**
- **je 200 g rote und gelbe Cocktailtomaten**

- **3 EL heller Balsamico-Essig**
- **Salz**
- **frisch gemahlener Pfeffer**
- **6 EL Olivenöl**

- **1 kleines Bund Kerbel**

1 Wasser in einem großen Topf mit geschlossenem Deckel zum Kochen bringen. Dann Salz und Nudeln zugeben. Die Nudeln im geöffneten Topf bei mittlerer Hitze nach Packungsanleitung kochen lassen, dabei 4–5-mal umrühren.

2 Anschließend die Nudeln in ein Sieb geben, mit heißem Wasser abspülen und abtropfen lassen. Nudeln in etwa 10 cm lange Stücke schneiden.

3 Spinat verlesen, gründlich waschen und abtropfen lassen. Von den Blättern die Stiele entfernen. Spinatblätter in einer Salatschleuder trockenschleudern.

4 Beide Tomatensorten waschen, trockentupfen und die Stängelansätze herausschneiden. Tomaten halbieren. Nudeln mit Spinatblättern und Tomatenhälften in einer Schüssel mischen.

5 Essig mit Salz und Pfeffer verrühren. Olivenöl unterschlagen. Die Marinade zu den Salatzutaten geben und gut vermengen. Salat abschmecken.

6 Kerbel abspülen und trockentupfen. Die Blättchen von den Stängeln zupfen. Den Salat in einer Schüssel oder auf einer Platte anrichten und mit den Kerbelblättchen garniert servieren.

Nudelsalat mit roten und gelben Cocktailtomaten

6 Portionen
Zubereitungszeit: 25 Min.

Pro Portion:
E: 8 g, F: 21 g, Kh: 40 g,
kJ: 1631, kcal: 389

- **3 l Wasser**
- **3 gestr. TL Salz**

- **3 Knoblauchzehen**
- **300 g kleine muschelförmige Nudeln, z. B. Gnobetti**

- **je 250 g gelbe und rote Cocktailtomaten**
- **1 Bund Basilikum**
- **1 Salatgurke**

- **25 schwarze entsteinte Oliven**
- **2 EL Schnittlauchröllchen**
- **4 EL Weißweinessig**
- **Meersalz**
- **frisch gemahlener Pfeffer**
- **Zucker**
- **7 EL Olivenöl**
- **4 EL Weißwein**

(Fortsetzung Seit 192)

1 Wasser in einem großen Topf mit geschlossenem Deckel zum Kochen bringen. Dann Salz, Knoblauch und Nudeln zugeben. Die Nudeln im geöffneten Topf bei mittlerer Hitze nach Packungsanleitung kochen lassen, dabei 4–5-mal umrühren. Anschließend die Nudeln in ein Sieb geben, mit heißem Wasser abspülen, abtropfen lassen. Knoblauch entfernen, beiseite legen.

2 Tomaten waschen, trockentupfen, halbieren, evtl. Stängelansätze herausschneiden. Tomatenhälften in kleine Würfel schneiden. Basilikum abspülen und trockentupfen. Die Blättchen von den Stängeln zupfen. Blättchen klein schneiden.

3 Gurke waschen, trockentupfen, mit der Schale in Würfel schneiden. Die vorbereiteten Salatzutaten mit den Oliven und Schnittlauchröllchen in einer Schüssel mischen.

4 Beiseite gelegten Knoblauch abziehen und zerdrücken. Essig mit Salz, Pfeffer und Knoblauch verrühren. Olivenöl unterschlagen. Wein unterrühren. Die Marinade unter die Salatzutaten mischen. Salat mit Salz und Pfeffer abschmecken.

Glasnudelsalat

6 Portionen
Zubereitungszeit: 35 Min., ohne Durchziehzeit

Pro Portion:
E: 22 g, F: 4 g, Kh: 31 g, kJ: 1064, kcal: 253

- **500 g Glasnudeln**
- **3 mittelgroße rote Paprikaschoten (je etwa 150 g)**
- **5 Stangen Staudensellerie**
- **2 Bund Frühlingszwiebeln**
- **2 grüne Chilischoten**

Für die Sauce:

- **1 Bund Koriander**
- **3 EL Sojasauce**
- **4 EL Weißwein**
- **6 EL Sesamöl**
- **frisch gemahlener Pfeffer**
- **etwas Zucker**
- **Chilipulver**

1 Wasser in einem großen Topf zum Kochen bringen. Glasnudeln hinzufügen und nach Packungsanleitung etwa 5 Minuten ziehen lassen, anschließend in ein Sieb geben und abtropfen lassen. Nudeln auf die gewünschte Länge schneiden (5–10 cm).

2 Paprika vierteln, entstielen, entkernen, die weißen Scheidewände entfernen. Schoten waschen, trockentupfen und in feine Streifen schneiden. Sellerie putzen und die harten Außenfäden abziehen, Sellerie waschen, abtropfen lassen und in dünne Scheiben schneiden.

3 Wasser in einem Topf zum Kochen bringen. Paprikastreifen und Selleriescheiben etwa 2 Minuten darin blanchieren, anschließend in ein Sieb geben, mit kaltem Wasser übergießen und abtropfen lassen.

4 Frühlingszwiebeln und Chilischoten putzen, waschen, abtropfen lassen und in feine Ringe schneiden. Die vorbereiteten Salatzutaten in eine Schüssel geben und mischen.

5 Für die Sauce Koriander abspülen und trockentupfen. Die Blättchen von den Stängeln zupfen, Blättchen (einige Blättchen beiseite legen) fein schneiden. Sojasauce mit Wein verrühren. Sesamöl unterschlagen, mit Pfeffer, Zucker und Chili abschmecken. Koriander unterrühren. Die Sauce mit den Salatzutaten vermengen und etwas durchziehen lassen. Den Salat mit den beiseite gelegten Korianderblättchen garnieren.

Tortellinisalat mit Rucola

8 Portionen
Zubereitungszeit: 40 Min., ohne Abkühl- und Durchziehzeit

Pro Portion:
E: 12 g, F: 25 g, Kh: 44 g, kJ: 1772, kcal: 448

- **4 l Wasser**
- **4 gestr. TL Salz**
- **2 Pck. (je 250 g) getrocknete Tortellini mit Käsefüllung**

- **100 g abgezogene, gestiftelte Mandeln**
- **3 rote Paprikaschoten**

Für die Marinade:
- **3 EL Weißweinessig**
- **Salz**
- **frisch gemahlener Pfeffer**
- **5 EL Speiseöl**
- **5 EL Nussöl**

- **300 g Rucola (Rauke)**

1 Wasser in einem großen Topf mit geschlossenem Deckel zum Kochen bringen. Dann Salz und Tortellini zugeben. Die Tortellini im geöffneten Topf bei mittlerer Hitze nach Packungsanleitung kochen lassen, dabei 4–5-mal umrühren.

2 Anschließend die Tortellini in ein Sieb geben, mit heißem Wasser abspülen und abtropfen lassen.

3 Mandeln in einer Pfanne ohne Fett goldbraun rösten, auf einem Teller abkühlen lassen und beiseite stellen. Paprika halbieren, entstielen, entkernen und die weißen Scheidewände entfernen. Die Schoten waschen, trockentupfen und in Würfel schneiden.

4 Für die Marinade Essig mit Salz und Pfeffer verrühren. Speise- und Nussöl unterschlagen.

5 Tortellini mit den Paprikawürfeln in einer großen Schüssel mischen, Marinade hinzugeben und untermischen. Den Salat etwa 30 Minuten durchziehen lassen.

6 Rucola putzen, waschen, trockentupfen oder trockenschleudern und in mundgerechte Stücke zupfen. Rucola mit den beiseite gestellten, gerösteten Mandeln unter den Salat heben.

Tipp:
Sie können den Salat bereits einige Stunden vorher bis Punkt 5 zubereiten. Rucola und Mandeln erst kurz vor dem Verzehr untermischen.

Spaghettisalat

8 Portionen
Zubereitungszeit: 30 Min.

Pro Portion:
E: 15 g, F: 31 g, Kh: 49 g,
kJ: 2241, kcal: 536

- **500 g Spaghetti**
- **4 l Wasser**
- **4 gestr. TL Salz**

- **1 Glas getrocknete Tomaten in Öl (Abtropfgewicht je 340 g)**
- **1 Glas (230 g) schwarze Oliven, trocken eingelegt**
- **2 Knoblauchzehen**
- **2 EL Kapern**
- **2 EL Tomatenmark**
- **1 Bund Basilikum**
- **8 EL Olivenöl**
- **Salz**
- **frisch gemahlener Pfeffer**
- **120 g frisch gehobelter Parmesan-Käse**

1 Spaghetti 1–2-mal durchbrechen. Wasser in einem großen Topf mit geschlossenem Deckel zum Kochen bringen. Dann Salz und Spaghetti zugeben. Die Spaghetti im geöffneten Topf bei mittlerer Hitze nach Packungsanleitung kochen lassen, dabei 4–5-mal umrühren.

2 Anschließend die Spaghetti in ein Sieb geben, mit heißem Wasser abspülen und abtropfen lassen.

3 Tomaten abtropfen lassen und in feine Streifen schneiden. Oliven entsteinen und grob zerkleinern. Knoblauch abziehen und fein hacken. Kapern abtropfen lassen.

4 Tomatenstreifen, Olivenstückchen, Knoblauch und Kapern in einer großen Salatschüssel mischen. Tomatenmark unterrühren. Spaghetti unterheben.

5 Basilikum abspülen und trockentupfen. Die Blättchen von den Stängeln zupfen, Blättchen fein schneiden, mit Olivenöl mischen, mit Salz und Pfeffer würzen. Basilikum unter den Salat heben. Den Spaghettisalat mit Käse bestreut servieren.

Kokos-Nudel-Salat

4–6 Portionen
Zubereitungszeit: 60 Min., ohne Auftau- und Durchziehzeit

Pro Portion:
E: 34 g, F: 15 g, Kh: 83 g,
kJ: 2551, kcal: 609

Zum Vorbereiten:
- **200 g TK-Miesmuschelfleisch, gegart**
- **200 g TK-Shrimps, gegart**

- **5 l Wasser**
- **5 gestr. TL Salz**
- **500 g schmale Bandnudeln**

- **200 g Sojabohnenkeimlinge**
- **1 Dose (400 ml) Kondensmilch**
- **30 g Kokosraspel**
- **2 Frühlingszwiebeln**
- **1 kleines Döschchen (0,2 g) Safran**
- **Salz, Pfeffer**
- **2 EL Sojasauce**

1 Zum Vorbereiten Miesmuschelfleisch und Shrimps nach Packungsanleitung auftauen.

2 Nudel wie zuvor beschrieben gar kochen und abtropfen lassen.

(Fortsetzung Seite 198)

3 Bohnenkeimlinge gründlich waschen und abtropfen lassen. Kondensmilch mit Kokosraspel in einem Topf unter Rühren zum Kochen bringen, unter gelegentlichem Rühren etwa 10 Minuten garen. Bohnenkeimlinge unterrühren.

4 Die garen Bohnenkeimlinge mit einem Schaumlöffel herausnehmen, abkühlen lassen. Übrig gebliebene Kondensmilch um die Hälfte einkochen und anschließend erkalten lassen.

5 Frühlingszwiebeln putzen, waschen, abtropfen lassen, in Scheiben schneiden. Einige Scheiben zum Garnieren beiseite legen. Aufgetautes Muschelfleisch und Shrimps evtl. kurz abspülen, trockentupfen.

6 Die erkaltete Kokosmilch mit Safran, Salz, Pfeffer und Sojasauce würzen. Die vorbereiteten Salatzutaten in eine große Schüssel geben, mit der Kokosmilch übergießen und gut mischen. Den Salat kalt gestellt 1 Stunde durchziehen lassen.

7 Den Salat vor dem Servieren umrühren, mit den Gewürzen nochmals abschmecken und mit den beiseite gelegten Zwiebelscheiben garniert servieren.

Nudelsalat mit Steinpilzen

4–6 Portionen
Zubereitungszeit: 45 Min.

Pro Portion:
E: 16 g, F: 27 g, Kh: 74 g, kJ: 2543, kcal: 607

- **4 l Wasser**
- **4 gestr. TL Salz**
- **500 g Muschelnudeln, z. B. Gnocchetti Sardi**

- **250 g Steinpilze**
- **250 g kleine Pfifferlinge**
- **4 EL Speiseöl**
- **200 g Kaiserschoten**
- **2 Fleischtomaten (etwa 300 g)**
- **1 Bund Thymian**

- **2 EL weißer Balsamico-Essig**
- **Salz, Pfeffer**
- **8 EL Olivenöl**

1 Wasser in einem großen Topf mit geschlossenem Deckel zum Kochen bringen. Dann Salz und Nudeln zugeben. Die Nudeln im geöffneten Topf bei mittlerer Hitze nach Packungsanleitung kochen lassen, dabei 4–5-mal umrühren.

2 Anschließend die Nudeln in ein Sieb geben, mit heißem Wasser abspülen und abtropfen lassen.

3 Pilze putzen, mit Küchenpapier abreiben, evtl. kurz abspülen, trockentupfen und evtl halbieren. Speiseöl in einer Pfanne erhitzen. Pilze unter mehrmaligem Wenden darin andünsten.

4 Von den Kaiserschoten die Enden abschneiden, die Schoten evtl. abfädeln. Schoten waschen und in kochendem Salzwasser 3–5 Minuten blanchieren. Anschließend in ein Sieb geben, mit eiskaltem Wasser übergießen und abtropfen lassen.

5 Tomaten waschen, kreuzweise einschneiden und einige Sekunden in kochendes Wasser legen. Tomaten kurz in kaltem Wasser abschrecken, enthäuten, halbieren, entkernen und Stängelansätze entfernen. Tomatenhälften in Würfel schneiden. Die vorbereiteten Salatzutaten in einer Schüssel mischen.

6 Thymian abspülen und trockentupfen. Die Blättchen von den Stängeln zupfen. Blättchen klein schneiden.

7 Essig mit Salz und Pfeffer verrühren. Olivenöl unterschlagen. Thymian unterrühren. Die Marinade zu den Salatzutaten geben und untermengen.

Nudelsalat „Sommerbrise“

8 Portionen
Zubereitungszeit: 35 Min., ohne Kühlzeit

.

Pro Portion:
E: 19 g, F: 32 g, Kh: 66 g, kJ: 2669, kcal: 637

- **6 l Wasser**
- **6 gestr. TL Salz**
- **600 g Eliche oder Spiralnudeln**

- **1 große Salatgurke**
- **1 Bund Frühlingszwiebeln**
- **250 g Schafkäse**
- **3 Fenchelknollen**
- **1 Dose Gemüsemais (Abtropfgewicht 285 g)**

Für die Sauce:

- **250 g Naturjoghurt**
- **250 g Salatmayonnaise**
- **150 ml Schlagsahne**
- **7 EL Zitronensaft**
- **etwas Zucker**
- **Salz**
- **frisch gemahlener schwarzer Pfeffer**
- **1 Bund Dill**

1 Wasser in einem großen Topf mit geschlossenem Deckel zum Kochen bringen. Dann Salz und Nudeln zugeben. Die Nudeln im geöffneten Topf bei mittlerer Hitze nach Packungsanleitung kochen lassen, dabei 4–5-mal umrühren.

2 Anschließend die Nudeln in ein Sieb geben, mit heißem Wasser abspülen und abtropfen lassen.

3 Gurke schälen, längs vierteln, entkernen und in Stücke schneiden. Frühlingszwiebeln putzen, waschen, abtropfen lassen und in dünne Ringe schneiden. Schafkäse in kleine Würfel schneiden. Vom Fenchel die Stiele dicht oberhalb der Knollen abtrennen, braune Stellen und Blätter entfernen, Wurzelenden gerade schneiden. Knollen waschen, abtropfen lassen, vierteln und in dünne Scheiben schneiden. Selleriescheiben nach Belieben in kochendem Salzwasser kurz blanchieren. Mais in einem Sieb abtropfen lassen.

4 Für die Sauce Joghurt mit Mayonnaise, Sahne und Zitronensaft verrühren. Mit Zucker, Salz und Pfeffer abschmecken. Dill abspülen und trockentupfen. Die Spitzen von den Stängeln zupfen (einige Spitzen zum Garnieren beiseite legen). Spitzen fein schneiden und unterrühren.

5 Nudeln, Gurkenstücke, Zwiebelringe, Käsewürfel, Fenchelscheiben und Mais in eine Schüssel geben. Sauce hinzufügen und gut vermengen. Den Salat bis zum Servieren kalt stellen. Mit Dillzweigen garnieren.

Salat von Spiralnudeln in Gorgonzola-Creme

4–6 Portionen
Zubereitungszeit: 60 Min., ohne Abkühlzeit

Pro Portion:
E: 22 g, F: 36 g, Kh: 64 g, kJ: 2782, kcal: 667

- **5 l Wasser**
- **5 gestr. TL Salz**
- **500 g Spiralnudeln**

- **500 g Staudensellerie**
- **500 g grüner Spargel**
- **200 g Cocktailtomaten**

- **1 Pck. (70 g) Pinienkerne**

Für die Gorgonzola-Creme:
- **150 g Gorgonzola-Käse**
- **2 Becher (je 150 g) Crème fraîche**
- **2 EL Salatmayonnaise**
- **Salz**
- **frisch gemahlener Pfeffer**

- **1 kleiner Topf Basilikum**

1 Wasser in einem großen Topf mit geschlossenem Deckel zum Kochen bringen. Dann Salz und Nudeln zugeben. Die Nudeln im geöffneten Topf bei mittlerer Hitze nach Packungsanleitung kochen lassen, dabei 4–5-mal umrühren.

2 Anschließend die Nudeln in ein Sieb geben, mit heißem Wasser abspülen und abtropfen lassen.

3 Sellerie putzen und die harten Außenfäden abziehen. Sellerie waschen, abtropfen lassen und in dünne Scheiben schneiden. Von dem Spargel nur das untere Drittel schälen und die Enden abschneiden. Spargel waschen, abtropfen lassen und ebenfalls in dünne Scheiben schneiden. Sellerie- und Spargelscheiben in kochendem Salzwasser etwa 2 Minuten blanchieren. Anschließend in ein Sieb geben, mit kaltem Wasser übergießen und abtropfen lassen. Tomaten waschen, trockentupfen und evtl. die Stängelansätze herausschneiden. Die Salatzutaten in eine Schüssel geben und mischen.

4 Pinienkerne in einer beschichteten Pfanne ohne Fett unter mehrmaligem Wenden hellbraun rösten und auf einem Teller erkalten lassen.

5 Für die Creme Gorgonzola-Käse durch ein feines Sieb streichen, mit Crème fraîche und Mayonnaise verrühren. Mit Salz und Pfeffer würzen. Die Creme unter die Salatzutaten heben und den Salat abschmecken.

6 Basilikum abspülen und trockentupfen. Die Blättchen von den Stängeln zupfen.

7 Den Salat mit Pinienkernen und Basilikumblättchen bestreut servieren.

Tipp:
Statt Gorgonzola-Käse können sie auch Roquefort-Käse verwenden.

Kapitelregister

Klassiker Kartoffelsalate

Kartoffelsalat mit Gemüse 8
Kartoffelsalat „Leichte Art“ 10
Kartoffel-Eier-Salat 10
Kartoffelsalat mit Speck und Zwiebeln 12
Einfacher Kartoffelsalat mit Minutensteaks 14
Kartoffelsalat mit Kresse 16
Gekochter Kartoffelsalat 16
Rustikaler Kartoffelsalat 18
Kartoffelsalat mit Mais 20
Pikanter Kartoffelsalat 22
Marinierter Kartoffelsalat mit Meerrettichcreme 22
Warmer Kartoffelsalat mit roten Linsen 24
Ostdeutscher Kartoffelsalat 26
Warmer Kartoffel-Kräuter-Salat 26
Sechser Salat 28
Kartoffelsalat mit Mayonnaise 30
Speck-Kartoffelsalat 30
Schneller Kartoffelsalat 32

Klassiker Nudelsalate

Nudel-Fleischwurst-Salat 34
Makkaronisalat mit Kräutersauce 36
Bunter Farfalle-Salat 38
Mozzarella-Nudel-Salat 40
Nudel-Käse-Salat 42
Süß-saurer Nudelsalat 44
Schleifchensalat mit Putenfleisch 46
Bohnen-Nudelsalat 48

Kartoffelsalat mit Fleisch & Wurst

Kartoffel-Spitzkohl-Salat mit Kasseler 50
Salat mit Backkartoffeln, Lammfilets und Tsatsiki 52
Kartoffel-Kürbis-Salat 54
Feiner bunter Kartoffelsalat 56
Warmer Kartoffelsalat mit Bärlauch 58
Kartoffel-Bärlauch-Salat mit Schnecken 58
Kartoffel-Champignon-Salat 60
Winterlicher Salat mit Sülze 62
Geschichteter Kartoffel-Pesto-Salat 64
Kartoffel-Chicoreé-Salat mit Cabanossi 66
Hochzeitssalat 68

Nudelsalat mit Fleisch & Wurst

Italienischer Spaghettisalat 70
Nudelsalat mit Basilikum-Vinaigrette 72
Nudelsalat mit Schweineschnitzel 74
Warmer Nudelsalat 76
Makkaronisalat 78
Nudelsalat mit Fleischsalat 80
Tortellinisalat „Pinocchio“ 82
Einfacher Nudel-Pilz-Salat 82
Farfalle-Salat mit Zitronenhähnchen 84
Nudelsalat „Nizzaer-Art“ 86
Chinesischer Reisnudelsalat 88
Spätzle-Linsen-Salat 90
Scharfer Tortellonisalat 92
Nudelsalat mit Huhn und Mango 94
Tortellini-Salat 96
Salat von Rädernudeln 98
Schneller Geflügel-Nudel-Salat 98
Italienischer Nudelsalat 100
Penne-Brokkoli-Salat 102

Kapitelregister

Kartoffelsalat mit Fisch & Meeresfrüchte

Geschichteter Kartoffel-Herings-Salat 104
Flämischer Salat 106
Thai-Kartoffelsalat 108
Schwedischer Kartoffel-Herings-Salat 108
Kartoffel-Matjes-Salat 110
Kartoffel-Matjes-Salat mit Roter Bete 112
Bunter Kartoffelsalat mit Tunfisch 114
Schwedischer Kartoffel-Krabben-Salat 116
Gemüse-Kartoffel-Salat mit Lachs 116
Labskaus-Salat 118
Kartoffelsalat mit Garnelen und Avocadocreme 120
Kartoffelsalat mit Räucherfisch 122
Curry-Kartoffelsalat 124
Kartoffel-Linsen-Salat 124
Kartoffel-Heringssalat 126
Katalanischer Kartoffelsalat 128
Frühsommerlicher Kartoffelsalat 130
Calamares auf Kartoffel-Feldsalat-Salat 132
Kartoffelsalat mit Tunfisch 134
Düsseldorfer Kartoffelsalat 134
Karnevalssalat 136
Maritimer oder feiner Kartoffelsalat 138
Argentinischer Kartoffelsalat mit Chorizo in Ajwardressing 140

Nudelsalat mit Fisch & Meeresfrüchten

Pennesalat mit Meeresfrüchten 142
Nudelsalat mit grünem Spargel und Shrimps 144
Salat von asiatischen Weizennudeln 146
Brokkoli-Lachs-Salat 148
Bunter Tunfisch-Nudel-Salat 150

Kartoffelsalat Vegetarisch

Kartoffelsalat mit Oliven in einer Tapenade (Dressing) 152
Kartoffelsalat mit Gurken und Radieschen 154
Scharfer Kartoffelsalat 156
Spargel-Kartoffel-Salat 158
Gärtnerinsalat (Kartoffel-Gemüse-Salat) 160
Indianersalat 162
Kartoffelsalat mit Gurkenschlange 162
Kartoffelsalat mit Pesto 164
Tsatsiki-Kartoffelsalat 166
Kartoffel-Gemüse-Salat, süß-sauer 168
Siebenbürger Kartoffelsalat 170
Provenzalischer Salat von Kartoffeln 172
Grüner Kartoffelsalat 174
Gourmet-Salat von neuen Kartoffeln und jungen Gemüsen 176
Kartoffel-Käse-Salat 178

Nudelsalat Vegetarisch

Penne-Salat mit Kräuterpesto 180
Koreanischer Weizennudel-Salat 182
Nudelsalat mit Gemüse 184
Salat von Gabelmakkaroni 186
Curry-Nudelsalat 188
Nudelsalat „Florentiner Art“ 190
Nudelsalat mit roten und gelben Cocktailtomaten 190
Glasnudelsalat 192
Tortellinisalat mit Rucola 194
Spaghettisalat 196
Kokos-Nudel-Salat 196
Nudelsalat mit Steinpilzen 198
Nudelsalat „Sommerbrise“ 200
Salat von Spiralnudeln in Gorgonzola-Creme 202

Alphabetisches Register

A/B

Argentinischer Kartoffelsalat
mit Chorizo in Ajwardressing 140
Bohnen-Nudelsalat 48
Brokkoli-Lachs-Salat 148
Bunter Farfalle-Salat 38
Bunter Kartoffelsalat mit Tunfisch 114
Bunter Tunfisch-Nudel-Salat 150

C

Calamares auf Kartoffel-Feldsalat-Salat 132
Chinesischer Reisnudelsalat 88
Curry-Kartoffelsalat 124
Curry-Nudelsalat 188

D/E

Düsseldorfer Kartoffelsalat 134
Einfacher Kartoffelsalat mit Minutensteaks 14
Einfacher Nudel-Pilz-Salat 82

F

Farfalle-Salat mit Zitronenhähnchen 84
Farfalle-Salat, Bunter 38
Feiner bunter Kartoffelsalat 56
Flämischer Salat 106
Frühsommerlicher Kartoffelsalat 130

G

Gärtnerinsalat (Kartoffel-Gemüse-Salat) 160
Geflügel-Nudel-Salat, schneller 98
Gekochter Kartoffelsalat 16
Gemüse-Kartoffel-Salat mit Lachs 116
Geschichteter Kartoffel-Herings-Salat 104
Geschichteter Kartoffel-Pesto-Salat 64
Glasnudelsalat 192
Gourmet-Salat von neuen Kartoffeln
und jungen Gemüsen 176
Grüner Kartoffelsalat 174

H/I

Hochzeitssalat 68
Indianersalat 162
Italienischer Nudelsalat 100
Italienischer Spaghettisalat 70

K

Karnevalssalat 136
Kartoffel-Bärlauch-Salat mit Schnecken 58
Kartoffel-Champignon-Salat 60
Kartoffel-Chicoreé-Salat mit Cabanossi 66
Kartoffel-Eier-Salat 10
Kartoffel-Gemüse-Salat, süß-sauer 168
Kartoffel-Heringssalat 126
Kartoffel-Herings-Salat, geschichteter 104
Kartoffel-Käse-Salat 178
Kartoffel-Krabben-Salat, Schwedischer 116
Kartoffel-Kräuter-Salat, warmer 26
Kartoffel-Kürbis-Salat 54
Kartoffel-Linsen-Salat 124
Kartoffel-Matjes-Salat mit Roter Bete 112
Kartoffel-Matjes-Salat 110
Kartoffel-Pesto-Salat, geschichteter 64
Kartoffelsalat „Leichte Art“ 10
Kartoffelsalat mit Bärlauch, warmer 58
Kartoffelsalat mit Chorizo in Ajwardressing,
Argentinischer 140
Kartoffelsalat mit Garnelen und Avocadocreme 120
Kartoffelsalat mit Gemüse 8
Kartoffelsalat mit Gurkenschlange 162
Kartoffelsalat mit Gurken und Radieschen 154
Kartoffelsalat mit Kresse 16
Kartoffelsalat mit Mais 20
Kartoffelsalat mit Mayonnaise 30
Kartoffelsalat mit Meerrettichcreme, marinierter 22
Kartoffelsalat mit Minutensteaks, einfacher 14
Kartoffelsalat mit Oliven
in einer Tapenade (Dressing) 152
Kartoffelsalat mit Pesto 164
Kartoffelsalat mit Räucherfisch 122
Kartoffelsalat mit roten Linsen, warmer 24
Kartoffelsalat mit Speck und Zwiebeln 12
Kartoffelsalat mit Tunfisch 134
Kartoffelsalat mit Tunfisch, bunter 114
Kartoffelsalat, Düsseldorfer 134
Kartoffelsalat, feiner bunter 56
Kartoffelsalat, frühsommerlicher 130
Kartoffelsalat, gekochter 16
Kartoffelsalat, grüner 174
Kartoffelsalat, Katalanischer 128
Kartoffelsalat, Ostdeutscher 26

Alphabetisches Register

Kartoffelsalat, maritimer oder feiner 138
Kartoffelsalat, pikanter 22
Kartoffelsalat, rustikaler 18
Kartoffelsalat, scharfer 156
Kartoffelsalat, schneller 32
Kartoffelsalat, Siebenbürger 170
Kartoffel-Spitzkohl-Salat mit Kasseler 50
Katalanischer Kartoffelsalat 128
Kokos-Nudel-Salat 196
Koreanischer Weizennudel-Salat 182

L/M

Labskaus-Salat 118
Makkaronisalat mit Kräutersauce 36
Makkaronisalat (**Abwandlung Titelfoto**) 78
Marinierter Kartoffelsalat mit Meerrettichcreme ... 22
Maritimer oder feiner Kartoffelsalat 138
Mozzarella-Nudel-Salat 40

N

Nudel-Fleischwurst-Salat 34
Nudel-Käse-Salat 42
Nudelsalat „Florentiner Art“ 190
Nudelsalat „Nizzaer-Art“ 86
Nudelsalat „Sommerbrise“ 200
Nudelsalat mit Basilikum-Vinaigrette 72
Nudelsalat mit Fleischsalat 80
Nudelsalat mit Gemüse 184
Nudelsalat mit grünem Spargel und Shrimps 144
Nudelsalat mit Huhn und Mango 94
Nudelsalat mit roten und gelben Cocktailtomaten .. 190
Nudelsalat mit Schweineschnitzel 74
Nudelsalat mit Steinpilzen 198
Nudelsalat, Italienischer 100
Nudelsalat, süß-saurer 44
Nudelsalat, warmer 76

O/P

Ostdeutscher Kartoffelsalat (**Abwandlung Titelfoto**) 26
Penne-Brokkoli-Salat 102
Penne-Salat mit Kräuterpesto 180
Pennesalat mit Meeresfrüchten 142
Pikanter Kartoffelsalat 22
Provenzalischer Salat von Kartoffeln 172

R

Reisnudelsalat, Chinesischer 88
Rustikaler Kartoffelsalat 18

S

Salat mit Backkartoffeln, Lammfilets und Tsatsiki .. 52
Salat mit Sülze, winterlicher 62
Salat von asiatischen Weizennudeln 146
Salat von Gabelmakkaroni 186
Salat von Kartoffeln, Provenzalischer 172
Salat von Rädernudeln 98
Salat von Spiralnudeln in Gorgonzola-Creme 202
Scharfer Kartoffelsalat 156
Scharfer Tortellonisalat 92
Schleifchensalat mit Putenfleisch 46
Schneller Geflügel-Nudel-Salat 98
Schneller Kartoffelsalat 32
Schwedischer Kartoffel-Herings-Salat 108
Schwedischer Kartoffel-Krabben-Salat 116
Sechser Salat 28
Siebenbürger Kartoffelsalat 170
Spaghettisalat 196
Spaghettisalat, Italienischer 70
Spargel-Kartoffel-Salat 158
Spätzle-Linsen-Salat 90
Speck-Kartoffelsalat 30
Süß-saurer Nudelsalat 44

T

Thai-Kartoffelsalat 108
Tortellinisalat „Pinocchio“ 82
Tortellinisalat mit Rucola 194
Tortellini-Salat 96
Tortellonisalat, scharfer 92
Tsatsiki-Kartoffelsalat 166
Tunfisch-Nudel-Salat, bunter 150

W

Warmer Kartoffel-Kräuter-Salat 26
Warmer Kartoffelsalat mit Bärlauch 58
Warmer Kartoffelsalat mit roten Linsen 24
Warmer Nudelsalat 76
Weizennudel-Salat, Koreanischer 182
Winterlicher Salat mit Sülze 62

Umwelthinweis Dieses Buch und der Einband wurden auf chlorfrei gebleichtem Papier gedruckt. Die Einschrumpffolie – zum Schutz vor Verschmutzung – ist aus umweltfreundlichem und recyclingfähigem PE-Material.

Wenn Sie Anregungen, Vorschläge oder Fragen zu unseren Büchern haben, rufen Sie uns unter folgender Nummer an 0521 155-2580 oder 520650 oder schreiben Sie uns: Dr. Oetker Verlag KG, Am Bach 11, 33602 Bielefeld.

Redaktion Carola Reich, Annette Riesenberg

Titelfoto Thomas Diercks, Hamburg

Innenfotos Thomas Diercks, Kai Boxhammer, Hamburg (S. 9–13, 19, 25–31, 35, 49–53, 59, 65, 71, 73, 77, 81, 85, 87, 91, 95, 99, 105, 109, 111, 117–129, 133–143, 147, 153–157. 161, 165, 169, 173, 177, 181–191, 195, 199, 203)
Brigitte Wegner, Bielefeld (S. 37, 39, 47, 57, 61, 63, 101, 103, 115, 145, 149, 197, 201)
Uli Hartmann, Bielefeld (S. 33, 41, 55, 67, 69, 83, 89, 97, 113, 167, 193)
Norbert Toelle, Bielefeld (S. 107, 163, 171)
Hans-Joachim Schmidt, Hamburg (S. 17, 93)
Niederländisches Büro für Milcherzeugnisse, Rijswijk (S. 45)
Herbert Maas, Hamburg (S. 21, 43, 175)

Rezeptentwicklung und -beratung Gerhard Ruhle, Hamburg
Mechthild Plogmaker, Dr. Oetker Versuchsküche, Bielefeld

Nährwertberechnungen Nutri Service, Hennef

Grafisches Konzept Björn Carstensen, Hamburg
Gestaltung M•D•H Haselhorst, Bielefeld
Titelgestaltung kontur:design, Bielefeld

Reproduktionen Lithotronic Media GmbH, Frankfurt am Main
Satz JUNFERMANN Druck & Service, Paderborn
Druck und Bindung Mohn Media • Mohndruck GmbH, Gütersloh

ISBN 3–7670–0583–2